■ 採用獲得のメソッド

転職者のための
自己分析

JN057457

マイナビ

転職者のための自己分析

はじめに

　転職における自己分析では、「やりたいことや適性だけを分析する」のではなく、「やりたいことや適性を生かして、何ができるのかという視点を持つ」必要があります。今さら自己分析をしても、入社できなければ意味がないと考える人もいるかもしれません。しかし、自分自身を知らなければアピールポイントが分からず、採用担当者にも十分なアピールができなくなってしまいます。何となく転職活動を行ない、何となく内定をもらって転職することもできるかもしれませんが、自分自身を理解しないままキャリアビジョンがない転職をしてしまうと、自分に合わないと感じて再び転職活動をすることにもなりかねません。

　自己分析でやりたいこと、できることが明確になった人は、仕事への意欲や熱意だけでなく、活躍する姿を具体的にアピールできます。

　また、今度こそ失敗したくない、と慎重に企業選択をする人がいますが、選択基準があいまいな状態で漠然と転職活動を行なうと、いつまでたっても自分に合う企業が見つからない可能性があります。自己分析の結果は、自分に合う企業かどうかを見極めるためのものさしにもなるので、入社後のミスマッチングを防ぐ効果も期待できるのです。

　本書を活用することで、転職に必要な「発揮できる能力」や「転職力」を認識することができるでしょう。それらは、職務経歴書に書く内容や、面接の回答にまで結びつけることができます。さらに、自己分析の結果を踏まえた企業選択も可能になります。

　自己分析を行ない、何が自分に適しているのかをしっかり見極め、活躍できる企業へ転職してください。転職は、まさに「就社」ではなく「就職」するための転職なのです。

　転職を本気で成功させたいと考えている人に、ぜひ読んでいただければ幸いです。

谷所 健一郎

CONTENTS

序 章　転職を成功させるために　⑪

第1章　転職ですぐに役立つ自己分析　27

第4章 自己分析で分かる 自分に合う企業の見極め方

151

本書の見方

項目タイトル
その項目で解説する内容が把握
できるよう、それぞれにタイト
ルが記載されています。

転職パーソナリティー 診断で自己分析をする

STEP
1-1

解説
転職活動や自己分析
を行なううえでのポイ
ント、その項目で
取り組むワークなど
について詳しく説明
しています。

転職で求められている人材に近づく

転職では個性や独自性も重視される半面、組織の一員としてのパーソナ
リティーも求められています。例えば、能力が高い人材でも素直さや協調
性が欠けていれば、人間関係はうまくいかないと見なされるし、やる気が
なく、行動力が伴わなければ、企業に必要とされる人材にはなれません。

応募者に対して、企業が重視するパーソナリティーは、「素直さ、向上心、
ストレス耐性、協調性、行動力」などです。右ページの「WORK 転職パー
ソナリティー診断シート」を使って診断してみましょう。

採用担当者の視点で考える

採用担当者は、実務能力だけでなく、応募者のパーソナリティーを下記
の視点でチェックしています。右ページの「WORK 転職パーソナリティー
診断」を行ない、点数が低い項目は意識的に改善するよう努めましょう。

- **●素直さ** ➡ 話の聴き方、指摘したことへの返答（態度）
- **●向上心** ➡ 自己啓発、今後のビジョン
- **●ストレス耐性** ➡ 退職理由、ストレスの認識
- **●協調性** ➡ チームの一員の経験、メンバーの役割認識力
- **●行動力** ➡ 問題改善能力、実行力

POINT

- ◉ 企業が重視するパーソナリティーを認識する。
- ◉ 採用担当者の視点から求められるパーソナリティーを考える。
- ◉ 転職パーソナリティー診断シートを使い、低い点数のものは
  改善に努める。

ポイント
解説から分かるポイン
トや、重要なキーワー
ドをひと目で確認す
ることができます。

30

8

転職活動における自己分析について、
各章ごとに解説やポイント、ワークシート、
参考にできる回答例などを掲載しています。
これらを基に自己分析を行ない、
転職活動に臨みましょう。

WORK 転職パーソナリティー診断シート

以下は、転職で必要とされるパーソナリティー診断です。低い点数のものについて、どのように改善するか改善シートに書き込みましょう。

はい2点　どちらでもない1点　いいえ0点で記入し、各項目の合計点を記入してください。

素直さ
- 仕事で指摘されたことを
  素直に受け入れる。　[　]
- 上下関係に関係なく良い考えや
  アイデアは受け入れる。　[　]
- 感謝の気持ちを常に言葉で
  伝えられる。　[　]
- 反省だけでなくきちんと
  謝罪できる。　[　]
- 正直者は馬鹿を見るとは
  考えない。　[　]

　　　　　　　　素直さ　　点

向上心
- スキルを常に高めていきたい。　[　]
- できないと簡単に諦めない。　[　]
- 現状の能力に満足していない。　[　]
- 常に問題意識を持って
  行動している。　[　]
- 同僚に能力で負けたくない。　[　]

　　　　　　　　向上心　　点

ストレス耐性
- 厳しい指摘を受けても
  すぐに立ち直れる。　[　]
- 環境の変化に順応できる。　[　]
- 理不尽なことに対処できる。　[　]

- 必要であれば長時間の残業や
  休日出勤も問題ない。　[　]
- 人間関係で落ち込まない。　[　]

　　　　　　　ストレス耐性　　点

協調性
- 本心から仲間と共感できる。　[　]
- 知らない相手でも
  すぐに打ち解けられる。　[　]
- 相手の欠点ではなく
  良い点から見る。　[　]
- 競合相手でも良いものは
  良いと素直に認められる。　[　]
- 周囲の協力をいつでも
  得られる。　[　]

　　　　　　　　協調性　　点

行動力
- 信念を持って行動している。　[　]
- できない方法ではなくできる
  方法から考える。　[　]
- ひらめきや気づきを
  すぐに行動に移す。　[　]
- フットワークは
  同年代の中でも軽い方である。　[　]
- 困難な問題も逃げずに
  立ち向かえる。　[　]

　　　　　　　　行動力　　点

改善シート

点数が低い＿＿＿＿＿について、＿＿＿＿＿＿＿＿＿＿＿
をして改善していく。

例 点数が低い 向上心 について、現状に満足せず常にスキルを高めていくよう
　改善していく。

31

章タイトル
各章のタイトルが右側のページに記載されています。

ワークシート
実際に書き込めるワークシートを掲載しているので、各項目で説明した内容を踏まえて取り組むことができます。実際の書類作成や面接時に役立つので、必要に応じてコピーして利用してください。

序章

転職を
成功させるために

転職活動と就職活動の違いを理解する

転職では求められている職種や役割が明確

　新卒時における就職活動では、総合職の募集が多いので、入社してみなければ配属先が分からないといった経験をした人もたくさんいると思います。一方、転職における求人のほとんどは、「職種」が定められています。

　新卒時の就職はどちらかといえば企業や業界を選んで入社する「就社」であり、転職が本来の「就職」といえるのかもしれません。転職では欠員や増員のために求人募集を行なう企業が多く、短期間で戦力として活躍できる人材を求めているため、未経験でもこれまでの汎用できる経験を生かして即戦力になれることをアピールしなければいけません。

短期間で戦力になれることをアピール

　不足している知識やスキルがあれば、それらを自ら養う積極的な姿勢が必要です。入社後に教えてもらうという姿勢では、採用担当者には興味を持ってもらえません。不足している知識やスキルは、「自己啓発しているので短期間で戦力になれる」と採用担当者にアピールしましょう。また、採用担当者は在職中の応募者に対して、入社可能な時期からも入社意欲を見極めています。あいまいな回答であれば、本気で転職活動を行なっていないと受け取られる可能性があるので、時期は明確にして臨みましょう。

POINT

- ◉ 転職は、職種での募集が多い。
- ◉ 短期間で戦力になれる人材が求められている。
- ◉ 入社時期を明確にして、入社意欲を示す。

●新卒時の就職活動との違い

　転職活動の場合、企業は欠員や増員のために求人募集を行なうケースが多く、求められている職種や役割も明確です。新卒時の就活との違いを理解したうえで、転職活動に臨みましょう。

	新卒時	転職
職種	総合職の募集が多く、入社後に配属が決まる	職種による募集が多い
職務能力	実務経験がないので適性や学業を評価	実務経験を評価
採用試験	書類選考 ⬇ 筆記試験 ⬇ 面接	書類選考 ⬇ 面接 ※一部筆記試験あり
入社時期	通常4月	原則として随時 ※指定されることがある
選考で重視する点	学歴・書類・適性 筆記・面接	職務経験・実務能力を重視 書類・面接
会社説明会	選考前に行なう企業が多い	実施せず 面接で説明する企業が多い

> **>ADVICE**
>
> **転職は、意欲やポテンシャルに加えて、企業が求めている実務能力とのマッチングが重視されます。**

企業が求めている能力・経験をしっかり読み取る

学歴より人材とのマッチングが大事

　転職採用において、企業は学歴以上に求めている人材とのマッチングを重視する傾向があります。優秀な学歴の人でも、企業が求めている実務能力に該当しなければ採用されません。つまり、企業が求めているスキルや経験があれば、学歴に関係なく採用される可能性が高くなるといえます。

　求人情報に記載されている「企業が求めている人材」を、しっかり読み取り、関連するスキルや経験を積極的にアピールしましょう。必要なスキルなら、自己啓発してでも企業が求めるレベルに近づく意欲が大事です。

同職種でも具体的な仕事内容をチェック

　同じ職種でも、求人情報から具体的な仕事内容をチェックしましょう。例えば、人事部の採用担当者を務められる人が欲しいと考えている企業に対して、同じ人事部の仕事である給与計算業務の経験を強調してもアピールにはなりません。企業が求めている職務能力を読み取って、もし短い経験であっても関連する経験があれば、それを強調するようにしましょう。

　転職では、応募企業が求めている具体的な職務能力を見極めて、関連するスキルや経験をアピールすることが大切なのです。

POINT

- ● 企業が求めている職務能力や経験を求人情報から読み取る。
- ● 足りないスキルや知識に対して、自己啓発していることも有効なアピールになる。
- ● 同職種の転職でも具体的な職務内容を必ずチェックする。

求人情報から企業が求めている経験・スキルを読み取る

　求人情報には企業が人材に期待することや、求めるスキルや経験など具体的なことが記載されています。自分が応募できる企業かどうかを見極めましょう。

●例）人事部の採用担当者の募集の場合

企業が求める条件	自分のスキル・経験
採用業務経験 ➡	新卒採用年間50人、中途採用年間80人という前職における業務経験
新入社員研修の経験 ➡	研修計画の立案、ビジネスマナー研修担当
求人計画の立案能力 ➡	転職市場を分析したうえで、効果的な求人を計画、実施

●募集要項の条件に満たないとき

　求人情報には、応募に当たって必要となる資格や、学歴、職務経験などの記載がある場合もあります。

資格	「資格優遇」であれば応募は可能だが、所持していないことが不利になる可能性がある。資格取得に向けて勉強中であることを伝える。「絶対条件」であれば応募は難しいが、取得予定時期を伝えることで応募可能なこともある。
経験年数	足りなければ応募は難しい場合もあるが、発揮できる能力を伝えて、採用担当者の判断を仰ぐ。
学歴	経験年数と同様に満たしていなければ応募が難しい場合もあるが、戦力になれる人材であることを伝えたうえで、採用担当者の判断を仰ぐ。実務能力を重視する企業であれば応募のチャンスが与えられる可能性がある。

⇒ A D V I C E

**募集要項の条件が絶対ではありません。
自分でダメだと判断せずに
採用担当者に判断を仰いでみましょう。**

現状の不満を転職の チャンスにつなげる

転職を考える人は前向きな人

　多くの求職者は、前職や現職に不満があって転職を考えます。辞めたい理由は、条件面での不満、労働環境の不満、人間関係の不満などさまざまですが、不満を引きずったままでは、転職はうまくいきません。もし、現状に満足しているなら、転職は考えないものです。言い換えれば、転職を考える人は、現状に満足せずに、より良く改善していきたいと考えている前向きな人なのです。満足できない気持ちを、今後につながるチャンスだととらえて、やりたいことの実現に気持ちを切り替えてみてください。

経験や実現できることを伝える

　例えば、嫌な上司がいたから転職を決意し、その転職が成功につながれば、その上司のおかげだと思うこともできます。しかし、嫌だからという気持ちで転職活動を行なえば、その気持ちは書類や面接に間違いなく表れます。

　辞めたいと思う理由はあくまでも転職へのきっかけであり、そのきっかけはチャンスだととらえましょう。採用担当者は、前職や現職への不満に興味はありません。あなたのこれまでの経験や、それを通じて実現できることに興味があるのです。

POINT

- ● 不満を引きずらず、気持ちを前向きに切り替える。
- ● マイナスな気持ちは書類や面接に表れる。
- ● 採用担当者は求職者の不満に興味はない。

マイナスな不満を前向きな気持ちに転換する

　マイナスな気持ちは、提出する書類や面接などの端々に表れてしまうことがあります。転職は前向きな気持ちに切り替えて臨みましょう。

●不満を前向きな気持ちへ変化させるには

　現実から逃げたいという気持ちだけでは転職は成功しません。解決できない現実から、自分のやりたいことを分析してみましょう。

前職(現職)への不満

⬇　現状をよりよくしたいという気持ち

どうしたら不満は防ぐことができたのかを考える

⬇　不満＝実現したい条件

解決できない問題であり、転職を決意

⬇　転職は人生の転機ととらえる

不満をやりたいことに転換する

⬇　新たな人生への第一歩

やりたいこと(できること)を実現できる企業へ応募する

⬇　新しい人生のスタート!

転職をきっかけに新たなキャリアをスタートする

●会社都合による転職

　会社の倒産や業務縮小といった会社都合で辞める場合は、簡潔に事情を説明し、不満ではなく改めて今後のビジョンを伝えます。「応募企業に出合えた」という前向きな気持ちで転職活動を行ないましょう。

▶▶ADVICE

在職中であれば、転職活動で他社を知り、
「やっぱり転職しない」という選択肢も
考えられます。
内定をもらい退職を決断するまでは
内密にしておきましょう。

固定観念にとらわれた転職活動をしない

求人情報は幅広くリサーチする

求職者の中には、特定の職種や業界に対してのみ応募する人がいますが、もっと視野を広げてみてください。世の中にはさまざまな仕事があり、自分が就きたい職種が必ずしも自分の適性や適職であるとは限りません。

求人情報をチェックする際に、検索条件を広げることで、興味がわく仕事に巡り合う可能性もあります。求人情報に興味を持てたら、積極的に応募してみましょう。採用担当者の話を聞くことで、求人情報だけでは判断できない情報や新たな気づきもあるかもしれません。

自分の力を発揮できる企業を見極める

転職活動を行なっていくと、企業によってはこれまでの経験を踏まえて募集職種とは異なる仕事を提案される場合もあります。自分では大したことがないと思っている経験が、企業側に意外と高く評価されることがあります。提案された仕事も検討してみると視野が広がるきっかけになります。

転職での企業選びには、自分のパフォーマンスを発揮できる企業かという点が重要です。企業規模が大きく知名度がある企業でも、入社後に貢献できていると実感できなければ、仕事への価値観は見出せないでしょう。

POINT

- 幅広く求人情報をチェックする。
- 企業規模や知名度だけで、企業を判断しない。
- その企業で自分の存在価値を見出せるかどうかを見極める。

固定観念にとらわれないためには

　転職は、固定観念にとらわれてしまうとうまくいきません。今までの経験を振り返りながら柔軟に考えてみましょう。

固定観念にとらわれた転職

- ●常に同じ条件でしか
  求人をチェックしない。

- ●企業規模、地名度を
  重視した選択をする。

- ●求人情報を
  否定から入った考えで見る。

- ●仕事の範囲を
  狭めて考えている。

- ●思い込みが強いため
  失望感が大きい。

固定観念にとらわれない転職

- ●求人情報で興味を持てたら、
  積極的に応募する。

- ●現在の能力が
  すべてとは思っていない。

- ●チャレンジしていく
  前向きな姿勢で臨む。

- ●柔軟な考えを持っていると
  周囲の協力を得やすい。

- ●転職を幅広くとらえているため、
  いろいろなチャンスをつかみやすい。

●未知の求人情報で新しい発見

　自分に合う企業は、待っているだけでは現れません。求人情報を探す幅を広げて、柔軟に積極的に探しましょう。また、ときには全く未経験の職種や業界の求人を探してみるのも、新たな気づきを得られるきっかけになるかもしれません。

▶ADVICE

希望の職種だけではなく、例えばコーヒーが
趣味なら、豆を扱う商社や小売業、
コーヒーカップなどのアイテムを扱う
メーカーなど、趣味に関連する職種なども
検索してみると、視野が広がる
きっかけになる場合があります。

転職は、短期間で集中して行なう

転職時期を定めて活動する

転職したいと思ったら、転職時期を定めて集中して転職活動を行ないましょう。いつかは転職したいという気持ちでは、いつまでたっても転職できません。「〇月までに転職する」と時期を明確にして、集中して転職活動を行なうようにしましょう。転職活動中は、それを優先して「必ず転職する」という強い気持ちで臨むことが大切です。なお、短期集中の転職活動では、複数の企業へ同時に応募することで、それぞれの企業の違いや特徴が比較しやすくなるというメリットもあります。

転職は相対評価で採否が決まる

転職の採否は、点数で決まるわけではなく、ほかの応募者との相対評価で決まるケースが多くあります。もし、不採用になった場合でも落ち込まず、気持ちを切り替えて次の企業への対策を講じましょう。面接でうまくいかなかったことを改善するために振り返るのはいいのですが、出てしまった結果を見返しても意味がありません。

また、採用担当者は、複数の企業へ応募していることに一定の理解を示しますが、自社への志望度合いは気にかけているものです。それぞれの企業には第一志望であると伝えるようにしましょう。

POINT

- 転職したい時期から逆算して転職活動を行なう。
- 短期集中の転職活動を行なう。
- 不採用の場合でも落ち込まず、気持ちを切り替える。

転職活動やることチェックリスト

必要なことが漏れてしまわないように、以下のチェックリストを活用して転職活動を進めましょう。

転職活動スタート〜応募

自己分析
・
情報収集
・
応募

▼ CHECK

- □ 転職目的を明確にする。
- □ 就きたい職種・業界を考える。
- □ 転職で優先すべきこと、譲歩できることを考える。
- □ 職務経歴の棚卸しをする。
- □ 職務経歴書・履歴書を作成する。
- □ 職務経歴の強みを自覚する。
- □ 求人サイトへ登録する。
- □ 人材紹介会社へ登録する。
- □ 必要なスキルの自己啓発（筆記試験対策含む）を行なう。
- □ 希望業界・職種の事前研究を行なう。
- □ 求人サイト・人材紹介サイトの求人をチェックする。
- □ 応募企業の選択・応募をする。

採用試験〜内定

書類審査
・
面接

- □ 応募企業向けにWEB履歴書、職務経歴書を見直す。
- □ 進捗状況から、応募企業、職種を見直す。
- □ 進捗状況から、書類・面接を見直す。
- □ 内定を受諾する。
- □ 転職先企業へ必要書類を提出する。

入社

在職中の場合

退職手続き
・
引き継ぎ

- □ 就業規則で退職について確認する。（転職活動開始時期）
- □ 転職先企業へ必要書類を提出する。（内定後）
- □ 退職願の提出をする。（内定後）
- □ 業務の引き継ぎを行なう。
- □ 退職に伴う挨拶を行なう。
- □ 会社への返却物・会社からの返却物を確認する。

その他（　　　　　　　　　　　　　　　　　　　　）

退社

求人情報の 集め方のポイント

求人情報と効率良く出合うためには

　転職の求人募集は、新卒時の卒業年別のものとは異なり、随時募集が行なわれています。そのため募集期間も短く、入社したい企業の求人募集とタイミング良く巡り合えるかどうかが大切になります。

　求人情報の探し方には、求人サイト、人材紹介会社、ハローワーク、新聞などさまざまな方法があります。それぞれの特徴を理解し、自分に合う媒体を見つけましょう。また、求人サイトには新たな求人情報が頻繁に掲載されるので、こまめにチェックしましょう。

転職は自ら行動しなければ何も進まない

　新卒時の就職活動では、学校や先輩などから情報を得ることができ、周りも同じように就職活動をしているので後押しをしてくれる人がいたかもしれませんが、基本的に転職は1人で自ら活動しなければ何も進みません。

　転職は、内定獲得が目的ではなく、転職先の企業で能力を発揮し、充実した仕事ができるようになるのが目的です。そのためには、転職できればどの企業でもよいという気持ちではなく、これまでの経験を踏まえて、自分のやりたいこと、できることが実現できる企業と出合う必要があります。

POINT

- ● 新卒と転職の求人募集の違いをしっかり認識する。
- ● それぞれの求人媒体の特徴を理解する。
- ● 転職は待っているだけでは進まないと認識する。

求人媒体のそれぞれの特徴

求人媒体の特徴をつかみ、1つの求人媒体だけではなく複数を組み合わせて情報を収集しましょう。

求人サイト
- 詳細な求人情報が掲載されている。
- WEB履歴書を作成すればすぐ応募できる。
- 比較的新しい情報が掲載されている。

人材紹介会社
- 企業が求めている人材に対する要望が明確。
- 非公開の求人情報がある。
- コンサルタントのサポートがあるので心強い。

ハローワーク
- 多くの求人情報が掲載されている。
- ハローワークインターネットサービスで求人情報を確認できる。
- 求人企業の詳細情報が少ない。

折り込み求人
- 地元に密着した求人情報が多く掲載されている。
- 新聞やインターネットの求人に比べて、応募者数が少ないことが多い。
- 折り込み媒体によっては企業の詳細情報が少ない。

新聞
- 大手企業や外資系企業の求人情報が多い。
- 企業の詳細情報が少ない。（インターネットでの情報公開と併用している企業が多い）
- 人気企業の募集には、応募者が殺到することが多い。

紹介予定派遣
- 一定期間派遣社員として働くと、正規雇用採用される可能性がある。
- 派遣期間が満了すると、契約が更新されないことがある。
- 事前に企業を見極めることができる。

転職イベント
- 多くの企業の説明を聞くことができ、面接につながる。
- その場で個別に面談を行なうことが可能なイベントもある。
- 企業からスカウトを受けられるイベントもある。

→ADVICE

自社のサイトなどにさらに詳しい求人情報を掲載している企業もあります。興味がある企業はホームページなどもチェックしてみましょう。

自分には何ができるのか
という視点で考える

選ぶためには、選ばれなければいけない

　企業を選択するうえでは、労働条件や待遇面なども大切かもしれません。しかし、それ以上に転職で大切なのは、自分の能力を発揮することで、その企業に対してどのような貢献ができるのかを考えることです。

　世の中に自分の希望を100％満たしてくれる企業はありません。企業が何を与えてくれるのかという受身の姿勢ではなく、自分は企業に何を提供できるのかという視点で考えてみましょう。転職者には、現状で満たされない部分は、入社後に自ら変えていくくらいの姿勢が求められています。

過去ではなく将来を見据えてアピール

　転職回数が多い、あるいはブランクが長いから転職活動がうまくいかないと嘆く人がいます。しかし、それは過去を必要以上に気にするあまり、応募企業でできることを積極的に伝えられていないからかもしれません。

　過去は変えられませんが、未来は自分で変えられます。自分に合う企業がないと嘆いているだけでは、ずっと見つかりません。自分のやりたいこととできることを整理し、自分のスキルや経験と、企業が求める職務経験とが合致する企業を見つけることが、転職を成功させるポイントなのです。

POINT

- 自分は企業に何を提供できるのかという視点で考える。
- 必要以上に過去を気にしない。
- 自分のやりたいこととできることを整理し、スキルや経験が合致する企業を見つける。

転職活動を成功させるポイント

下記のポイントを踏まえて、転職活動に取り組みましょう。

成功する転職

- 企業に求められている能力を見極めて応募する。
- 企業規模や知名度だけで応募企業を決めない。
- 自分のできることを狭めるような固定観念を持たない。
- スケジュールを立てて、短期集中で活動する。
- あらゆるところから情報収集をして企業を選択する。
- 複数の企業へ同時に応募する。
- 応募企業で自分ができることを考える。
- 応募企業に必要とされる人材になれるか見極める。

失敗する転職

- 実務能力が伴わずに理想だけが先行する。
- 企業規模や知名度だけで判断する。
- 初任給や福利厚生など条件面の魅力だけで応募する。
- 前職や現職の不満を引きずっている。
- 過去の経歴だけで応募する。（できることをアピールしない）
- 転職を失敗したくない意識が強く、なかなか応募を決められない。

●過去を気にし過ぎないこと

　ブランクが長いことや転職回数が多いことを気にするよりも、応募企業で自分のアピールできる事柄を考えましょう。過去が業務に支障をきたさないということを理解してもらうのが大切なのです。

▷ A D V I C E

人間の感情は、表情や声などに表れます。
転職回数の多さやブランク期間などがあっても
過度に気にせず、転職が成功するという
良いイメージを持つように心がけましょう。

転職活動でNGなこと 1

面接では手元に何も置かない

転職活動でNGなことを理解していなければ、その活動はうまくいきません。以前、求職者支援を行なった人のことですが、転職活動がうまくいかないというので、模擬面接を行なうことになりました。これまでの職務経験と関連する職種を希望しており、明るい印象を与える人だったので、なぜうまくいかないのか疑問を持ちましたが、模擬面接を行なうとすぐにその理由が判明しました。

私が「これまでのお仕事についてお話しください」と問いかけると、その人は鞄から職務経歴書を取り出し、手元に置いて読み出しました。

「ちょっと待って。いつもそのように回答しているの？」と質問すると、これまで4社応募する際、どの企業でも職務経歴書を手元に置いて、これまでの職務経歴を語ってきたそうです。

原則として日本の転職面接では、手元に何も置かず面接官の質問に回答します。手元に書類を置いて語るのはタブーなのです。

その人は、営業で手元に資料を置いて説明するのと同じように何の違和感も持たず、職務経歴書を読みながら回答してきたのです。

面接官から書類をしまうよう指示されなかったのか聞くと、これまで一度も言われなかったそうです。このことが原因かどうかは分かりませんが、その後、手元に何も置かずに面接に臨むことで、その人は内定をもらうことができました。

面接官が指摘をしないのも不思議ですが、他の応募者と異なる行動を取れば、面接官に違和感を与えます。当時の状況を想像すると、職務経歴書を取り出した時点で面接官に違和感を与え、さらに職務経歴書の記載内容を棒読みで回答した結果、残念ながら不採用という結果になったのでしょう。

当たり前だと思って行動していることが、実は転職では非常識に当てはまるということがあるのです。

第1章

転職ですぐに役立つ自己分析

なぜ自己分析が必要か

自分自身を理解し発揮できる能力を知る

　自己分析をせずに転職活動をしても、採用されることは可能かもしれません。しかし、自己分析ができていないままだと、採用された企業とのマッチングが悪く、思うように能力を発揮できずに、再び転職活動をすることになるかもしれません。

　まずは自己分析をして自分自身を知り、目指す方向で何ができるのかを見極め、発揮できる能力と志向や優先したいことを明確にしましょう。それによって、自分の希望をすべて満たす企業は見つからないかもしれませんが、おのずと選択すべき企業が見えてくるはずです。

自己分析による職務経歴書の作成・面接対策

　自己分析を行なうことで、職務経歴書の職務経験や面接でのアピールポイントなどを明確にすることが可能です。自己分析は、これまでの実務経験を振り返り、応募先企業が求めている人材と、それに関連する経験や発揮できる能力などアピールできる能力や要素を掘り起こせるからです。

　職務能力や仕事へのビジョンは、人それぞれ異なります。自己分析で自分の能力や特性を見極めることが転職成功への近道です。

　この章では、7つのステップに分けて自己分析を進めていきます。

POINT

- ◉ 自分自身を知ることが転職の成功につながる。
- ◉ 実務経験の掘り起こしなどは、書類作成や面接対策に役立つ。
- ◉ 自己分析によって自分に合う企業を見極められる。

自己分析のための7つのステップ （⇒応用できる分野）

STEP1 **自分を知りアピールポイントを整理する⇒（自己診断）**

WORK　転職パーソナリティー診断シート⇒（長所）

WORK　他者評価シート⇒（長所）

WORK　行動特性（適職）診断シート⇒（職種分析）

WORK　転職力診断シート⇒（自己PR）

⬇

STEP2 **これまでの職務経験の棚卸しをする⇒（経験の棚卸し）**

WORK　職務経歴書の棚卸しシート⇒（職務内容欄）

⬇

STEP3 **発揮できる職務能力（スキル）を認識する⇒（発揮できる能力）**

WORK　発揮できる能力シート⇒（経歴要約　職務内容欄　自己PR）

WORK　汎用できる能力シート（キャリアチェンジ）⇒（経歴要約　職務内容欄
　　　　自己PR）

⬇

STEP4 **弱点・課題を整理する⇒（弱点の克服）**

WORK　弱点改善シート⇒（スキル・経験に関する解決策、転職活動の弊害を解決）

⬇

STEP5 **キャリアの志向を明確にする⇒（志向の整理）**

WORK　志向チェックシート⇒（安定志向　スキルアップ志向　管理職志向
　　　　高給志向　独立志向）

⬇

STEP6 **転職における優先事項を明確にする⇒（優先事項の整理）**

WORK　優先事項記入シート⇒（優先事項を明確にする）

⬇

STEP7 **キャリアビジョンを明確にする⇒（5年・10年後の姿）**

WORK　キャリアビジョンシート

⬇

STEP1〜STEP7　自己分析まとめ

第1章　転職ですぐに役立つ自己分析

転職パーソナリティー診断で自己分析をする

転職で求められている人材に近づく

転職では個性や独自性も重視される半面、組織の一員としてのパーソナリティーも求められています。例えば、能力が高い人材でも素直さや協調性が欠けていれば、人間関係はうまくいかないと見なされるし、やる気がなく、行動力が伴わなければ、企業に必要とされる人材にはなれません。

応募者に対して、企業が重視するパーソナリティーは、「素直さ、向上心、ストレス耐性、協調性、行動力」などです。右ページの「WORK 転職パーソナリティー診断シート」を使って診断してみましょう。

採用担当者の視点で考える

採用担当者は、実務能力だけでなく、応募者のパーソナリティーを下記の視点でチェックしています。右ページの「WORK 転職パーソナリティー診断」を行ない、点数が低い項目は意識的に改善するよう努めましょう。

- **素直さ** ➡ 話の聴き方、指摘したことへの返答（態度）
- **向上心** ➡ 自己啓発、今後のビジョン
- **ストレス耐性** ➡ 退職理由、ストレスの認識
- **協調性** ➡ チームの一員の経験、メンバーの役割認識力
- **行動力** ➡ 問題改善能力、実行力

POINT

- ◉ 企業が重視するパーソナリティーを認識する。
- ◉ 採用担当者の視点から求められるパーソナリティーを考える。
- ◉ 転職パーソナリティー診断シートを使い、低い点数のものは改善に努める。

WORK

転職パーソナリティー診断シート

以下は、転職で必要とされるパーソナリティー診断です。低い点数のものについて、どのように改善するか改善シートに書き込みましょう。

はい2点　どちらでもない1点　いいえ0点で記入し、各項目の合計点を記入してください。

素直さ

- 仕事で指摘されたことを素直に受け入れる。 [ ]
- 上下関係に関係なく良い考えやアイデアは受け入れる。 [ ]
- 感謝の気持ちを常に言葉で伝えられる。 [ ]
- 反省だけでなくきちんと謝罪できる。 [ ]
- 正直者は馬鹿を見るとは考えない。 [ ]

素直さ [ ] 点

向上心

- スキルを常に高めていきたい。 [ ]
- できないと簡単に諦めない。 [ ]
- 現状の能力に満足していない。 [ ]
- 常に問題意識を持って行動している。 [ ]
- 同僚に能力で負けたくない。 [ ]

向上心 [ ] 点

ストレス耐性

- 厳しい指摘を受けてもすぐに立ち直れる。 [ ]
- 環境の変化に順応できる。 [ ]
- 理不尽なことに対処できる。 [ ]
- 必要であれば長時間の残業や休日出勤も問題ない。 [ ]
- 人間関係で落ち込まない。 [ ]

ストレス耐性 [ ] 点

協調性

- 本心から仲間と共感できる。 [ ]
- 知らない相手でもすぐに打ち解けられる。 [ ]
- 相手の欠点ではなく良い点から見る。 [ ]
- 競合相手でも良いものは良いと素直に認められる。 [ ]
- 周囲の協力をいつでも得られる。 [ ]

協調性 [ ] 点

行動力

- 信念を持って行動している。 [ ]
- できない方法ではなくできる方法から考える。 [ ]
- ひらめきや気づきをすぐに行動に移す。 [ ]
- フットワークは同年代の中でも軽い方である。 [ ]
- 困難な問題も逃げずに立ち向かえる。 [ ]

行動力 [ ] 点

改善シート

点数が低い＿＿＿＿＿＿について、＿＿＿＿＿＿＿＿＿＿＿＿＿＿＿＿＿＿＿をして改善していく。

例 点数が低い 向上心 について、現状に満足せず常にスキルを高めていくよう改善していく。

他者からの評価で客観的に自分を知る

STEP **1-2**

他者の評価の方が適切なこともある

　ここでは、友人、同僚、上司などの他者が自分をどのように評価してどんなイメージを持っているかを分析してみましょう。他者からの評価を参考にすることで、新たな自分の一面を発見できます。

　右ページの「WORK 他者評価シート」に書き込みながら、他者からのイメージを考えてみましょう。他者に直接聞くことができなければ、イメージで記載しても構いません。自分自身を他人の目でとらえてみることで、客観的な評価ができます。

他者からの評価を適職につなげる

　世の中にはたくさんの仕事があり、繊細さを要求される仕事もあれば、逆に大胆さが求められる仕事など、さまざまな性質の仕事があります。他者からの評価を参考にすることで、自分のやりたいことばかりを優先せず、客観的な目線からの自分に合う仕事や、実力を発揮できる仕事、つまり適職を選択できる可能性が高まります。

　また、他者からの評価を知った後は、良い評価はさらに伸ばしていき、悪い評価は素直に改善することが大切です。

POINT

- 他者評価の方が適切なケースがある。
- 他者からの目線を意識することで、自分のことを客観的に評価できる。
- 良い評価は伸ばし、悪い評価は素直に改善する。

WORK　他者評価シート

他者からどのようなイメージを持たれているのか、思いつくことを箇条書きで記載し、総体的に良い点、悪い点を分析しましょう。さらに仕事に与える良い影響と悪い影響についても書き出してみてください。

●友人から見た自分

(　　　　　　　　　　　　　　　　　　　　　　　　　　　　　　　　)

●同僚から見た自分

(　　　　　　　　　　　　　　　　　　　　　　　　　　　　　　　　)

●上司から見た自分

(　　　　　　　　　　　　　　　　　　　　　　　　　　　　　　　　)

●総体的な他者評価

評価で良い点　(　　　　　　　　　　　　　　　　　　　　　　　　　)

評価で悪い点　(　　　　　　　　　　　　　　　　　　　　　　　　　)

⬇

仕事上のメリット　(　　　　　　　　　　　　　　　　　　　　　　　)

仕事上のデメリット (　　　　　　　　　　　　　　　　　　　　　　　)

他者評価シート例

●総体的な他者評価

評価で良い点　(　最後まで諦めず行動する。　　　　　　　　　　　　　)

評価で悪い点　(　集中してしまうと一人で突き進み、
　　　　　　　　　周囲との協調性に欠ける。　　　　　　　　　　　　　)

⬇

仕事上のメリット　(　最後まで諦めず目標達成のために集中して行動し
　　　　　　　　　　成果を上げることができる。　　　　　　　　　　)

仕事上のデメリット (　周囲と協力できないことがあるので意識的に修正する。)

行動特性診断で自己分析（適職診断）

STEP 1-3

仕事の行動特性を4つに分類

　仕事には個別に働く職種、チームワークを重視しながら仕事をする職種、またクリエーティブな能力を重視する仕事、ルールを重視する仕事などさまざまな特性があります。ここでは、この特性を「行動特性」と呼び、①個別行動型、②組織適応型、③創造型、④ルール重視型と、大きく4つに分類し、適職について考えていきます。

　自分の行動特性を知り、仕事の行動特性と合致させた職種を選択することで、気持ちよく仕事ができて成果を出せる転職へとつながります。

行動特性の領域から職種を見極める

　転職では、職種による募集が多いので、自分の行動特性と職種の行動特性を結びつけて考えることがとても大切です。

　例えば①個別行動型の職種に対して、自分の行動特性が②組織適応型の場合だと、入社後にミスマッチングが生じるかもしれません。自分の行動特性に近い仕事に就くことで、入社後に能力を発揮できる可能性が高くなります。右ページの「WORK 行動特性（適職）診断シート」で、自分の行動特性と職種の行動特性をチェックし、適職について考えてみましょう。

！ POINT

- ● 自分自身の行動特性を知ることは
  適職を見極めることにつながる。
- ● 行動特性は適職が分からないときの判断材料になる。
- ● 自分の行動特性と職種の行動特性から適職を考えてみる。

WORK 行動特性（適職）診断シート

以下は自分の行動を点数化して、行動特性を診断するシートです。自分の行動特性がどの型に当てはまるのか診断してみましょう。

はい2点　どちらでもない1点　いいえ0点で記入し、各項目の合計点を記入してください。

個別行動型

● どちらかというと
単独で行動する。 [　]

● 協調性はあまり重視しない。 [　]

● 同僚との関係はそれほど
深くない。 [　]

● 1人で食事をすることは
苦痛ではない。 [　]

● 情ではなく信念で行動する。 [　]

個別行動型　　点

創造型

● 人と違う仕事がしたい。 [　]

● 創り上げる
仕事に興味がある。 [　]

● 常識にとらわれず行動する
傾向がある。 [　]

● 芸術的センスがある。 [　]

● 企画力が高い。 [　]

創造型　　点

組織適応型

● チームワークを重視する
仕事をしてきた。 [　]

● 組織の上下関係を理解した
行動が苦痛ではない。 [　]

● どんなタイプの人間とも
短時間で打ち解けられる。 [　]

● 人の上に立つことを
あまり好まない。 [　]

● 個の力よりチーム力を
重視する。 [　]

組織適応型　　点

ルール重視型

● ルールや決まり事を
重視する。 [　]

● 人と違う行動を嫌う。 [　]

● ルーティン業務が得意。 [　]

● これまでの経験を重視する。 [　]

● 変化のない仕事でも
苦痛ではない。 [　]

ルール重視型　　点

行動特性（適職）レーダーチャート

「WORK 行動特性（適職）診断シート」の診断結果のそれぞれの点数を、レーダーチャートに書き込みましょう。下記の「該当する職種例」を見て、自分の行動特性の領域の多いエリアの職種を参考にしてください。

※チャートの1目盛り＝2点

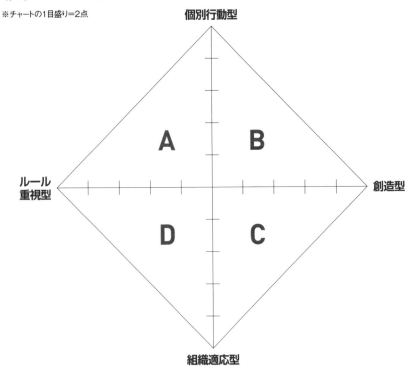

●該当する職種例

A 領域（個別行動・ルール重視）
SE、ツアーコンダクター、乗務員、建築積算、マンション・ビル管理、
キャリアカウンセラー、教師、看護師、介護職員、カスタマーサポート、ドライバー

B 領域（個別行動型・創造型）
ゲームクリエーター、編集者、研究者、デザイナー、販売員、営業、建築設計、音楽家

C 領域（組織適応型・創造型）
マーケティングリサーチャー、企画開発、経営企画、WEBデザイン、プロデューサー、店長

D 領域（組織適応型・ルール重視型）
総務、人事、秘書、経理、施工管理、ケアマネジャー、一般事務、営業事務、学校職員

行動特性（適職）レーダーチャート例

点数をレーダーチャートに書き込んだ例です。レーダーチャートに落とし込むとタイプがひと目で確認でき、分かりやすくなります。

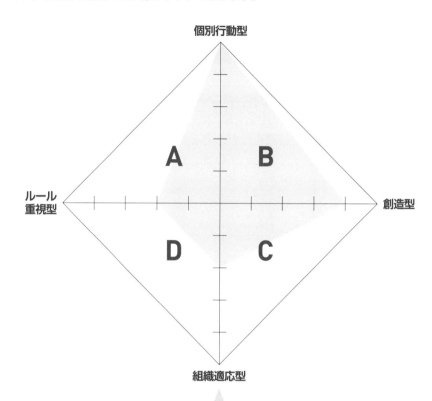

「WORK 行動特性（適職）診断シート」の結果、個別行動型で、次いで創造型の領域も大きいタイプのレーダーチャートになりました。このタイプは左ページの「該当する職種例」のA領域とB領域の職種を参考にしてください。

▶ADVICE

自分の行動特性と仕事の行動特性を理解し、
求人情報を探す場合に
「この職種の行動特性は○○だ」と
推測し考えながら探すことで、
仕事内容への具体的な理解が深まります。

転職力診断で自己分析
（アピールポイントの整理）

STEP
1-4

転職におけるアピールポイントを分析

　転職では、これまでの経験をただ述べるだけではなく、経験を踏まえたアピールが求められます。しかし、いきなりアピールポイントを問われても即座に回答するのは難しいものです。そのため、これまでの経験や自分の性格などの「売り」や「強み」を自己分析し、仕事におけるアピールポイント、つまり「転職力」を整理してみましょう。

　なお、未経験の職種を希望する場合にも、これらのアピールポイントが汎用できるスキルや適性につながっていることが理想です。

具体的な事例を引き出す

　右ページの「WORK 転職力診断シート」で得点が高く出たものが、アピールポイントになります。このWORKは自己PRに応用できるので、これまでの自分の経験を振り返り、なぜ高得点になったのかを書き出してみましょう。例えば、目標達成能力が高いなら、目標を達成した経験を具体的に書き出すなどです。また、採用担当者はアピールポイントだけではなく、その信ぴょう性を裏付ける経験やエピソードにも興味を持つので、それらを掘り起こしておくことも大切です。

> **！POINT**
> - ● 転職力（アピールポイント）を整理する。
> - ● 信ぴょう性を裏付ける具体的な経験やエピソードを
>   掘り起こす。
> - ● 転職力診断シートを自己PRに応用する。

WORK 転職力診断シート

以下は転職で必要とされる転職力診断です。自分の強みやアピールポイントを点数化してみましょう。

はい2点　どちらでもない1点　いいえ0点で記入し、各項目の合計点を記入してください。

情報収集・分析能力

● 社内の情報収集に長けており、
　ネットワークがある。　　　　　　[　　]

● 定期的に購読している雑誌、
　情報誌が3種類以上ある。　　　　[　　]

● 業務でうまくいかないときは、
　必ず原因を分析し対処する。　　　[　　]

● 業務で疑問があれば、客観的に
　分析し担当者へ質問する。　　　　[　　]

　　　　　情報収集・分析能力　　　点

判断能力・遂行能力

● 仕事をするうえで
　優先順位を決められる。　　　　　[　　]

● 状況を判断し、既存の方法で
　あっても変更できる。　　　　　　[　　]

● 任された仕事は、納期を守り
　ほとんどミスを犯さない。　　　　[　　]

● 自分で決めた計画は、
　最後までやりぬく。　　　　　　　[　　]

　　　　　判断能力・遂行能力　　　点

目標達成・戦略能力

● 明確なキャリアビジョンを
　持っている。　　　　　　　　　　[　　]

● 不足しているスキルは、
　自己啓発している。　　　　　　　[　　]

● 業務遂行のためのスケジュール
　を綿密に構築している。　　　　　[　　]

● 既存の方法にとらわれず、
　新しい方策を構築している。　　　[　　]

　　　　　目標達成・戦略能力　　　点

行動力・職業意欲

● 異業種交流会やセミナーなどに
　多く出席している。　　　　　　　[　　]

● やりたくない仕事でも、
　最後までやりとげている。　　　　[　　]

● 結果にこだわり、うまくいかない
　場合は対策を講じている。　　　　[　　]

● 周囲の人間に反対されても、
　信念を持ってやり通している。　　[　　]

　　　　　行動力・職業意欲　　　点

対人理解・交渉力

● 年代が異なる人とも良好な
　人間関係を構築できる。　　　　　[　　]

● 意見が反する人でも、積極的に
　会話ができる。　　　　　　　　　[　　]

● 社外の人間との交渉が多い。　　　[　　]

● 集団を1つにまとめ、
　リーダーシップを発揮できる。　　[　　]

　　　　　対人理解・交渉力　　　点

第1章　転職ですぐに役立つ自己分析

転職力レーダーチャート

「WORK 転職力診断シート」の診断結果のそれぞれの点数をレーダーチャートに書き込み、特に優れている１～２項目を選んで自己PRを作成しましょう。

※チャートの1目盛り＝2点

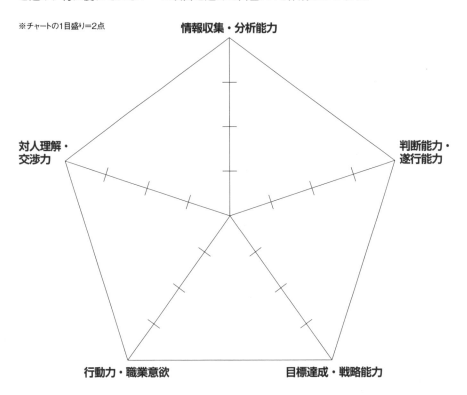

●自己PRの作成

私は ＿＿＿＿＿＿＿＿＿＿＿＿＿＿＿＿＿＿＿＿＿ に優れています。

前職では ＿＿＿＿＿＿＿＿＿＿＿＿＿＿＿＿＿＿＿＿＿＿＿

＿＿＿＿＿＿＿＿＿＿＿＿＿＿＿＿＿＿＿＿＿＿＿＿＿＿＿＿＿

＿＿＿＿＿＿＿＿＿＿＿＿＿＿＿＿＿＿＿＿＿＿＿＿＿＿＿＿＿

＿＿＿＿＿＿＿＿＿＿＿＿＿＿＿＿＿＿＿＿＿＿＿＿＿＿＿＿＿

＿＿＿＿＿＿＿＿＿＿＿＿＿＿＿＿＿＿＿ といった経験をしました。

＿＿＿＿＿＿＿＿＿＿＿＿＿＿＿

転職力レーダーチャート例

情報収集・分析能力に優れ、行動力・職業意欲の点数も高いタイプのレーダーチャートです。

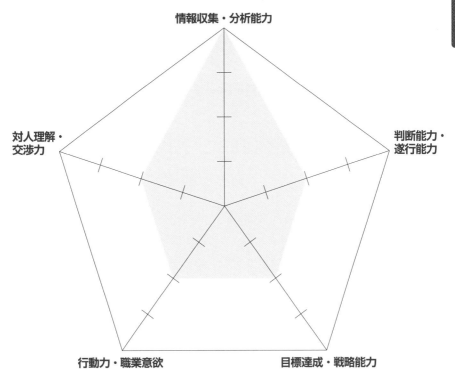

●自己PRの作成例

私は 情報収集・分析能力 に優れています。

前職では 広告代理店の法人営業の仕事に携わって参りました。主に雑誌広告を扱っておりまして、そこでは、クライアントに常にトレンド情報を提供することが何より大事で、手前味噌ではございますが、私の発信する情報はクライアントより定評を頂いておりました。

その情報をつかむために雑誌や書籍での研究はもちろんのこと、セミナーや異業種交流会などさまざまな場所へ顔を出して情報収集に努める といった経験をしました。

これまでの職務経験の棚卸しをする（経験の棚卸し）

STEP 2

棚卸しが職務経歴書のベースになる

　転職では直近の仕事だけでなく、これまでの職務経験が強みになることがあります。その強みを発見するためにも、右ページの「WORK　職務経歴書の棚卸しシート」で、これまでの仕事を時系列で書き出してみましょう。

　転職では、企業が求める人材像とマッチングすることが大切です。これまでの職務経験を書き出すことで、求められている過去の経験が見つかれば、職務経歴書作成時に強調して記載することができます。それには、採用担当者が興味を持つはずです。

雇用形態、期間にとらわれず記載する

　正社員だけが職務経歴ではありません。アルバイトや派遣社員での経験であっても、携わった職務を掘り起こすことで十分なアピール材料になります。企業は、学歴や前職の企業名ではなく、求めている人材として何ができるのかという点を重視する傾向があるからです。

　また、職務経験が短い場合でも、「短期間で退職」とするのではなく、携わった業務やその経験から得たことなどを書き出すことで、アピール材料として十分に使える可能性があります。

! POINT

- ◉ 過去を振り返って、すべての職務経験を書き出してみる。
- ◉ 実績や評価されたことを書き加える。
- ◉ 企業が求める人材像と職務経験を合致させる。

WORK 職務経歴書の棚卸しシート

これまでに携わった仕事について、その職務経験を時系列で書き出してみましょう。また、実績・評価も記載するようにしてください。

●会社名 .... ●職種 ....

●経験期間 .... 年 .... 月 ～ .... 年 .... 月

●職務経験

....

....

●実績・評価

....

....

●職務経験

....

....

●実績・評価

....

....

例 経理

●職務経験

月次の売上報告書の作成。

●実績・評価

各部門からの売上報告のフォームを改善することで、経理業務を3日間短縮でき役員から評価された。

例 営業

●職務経験

新入社員研修として、1日に50件の飛び込み営業を6カ月間継続。

●実績・評価

新入社員150人の中で飛び込み営業における売上で3位を達成。当時の顧客が現在も継続している。

発揮できる能力を整理する（経験者の場合）

企業が求めている職務能力に自分を関連させる

　転職では、企業が求める職務能力や経験が明確なことが多いので、これまでの経験を踏まえた、自分の発揮できる能力を具体的に整理することが大切です。STEP2で行なった職務経歴の棚卸しから、希望職種で生かせる能力とその能力を裏付ける具体的な経験を書き出してみましょう。

　関連する経験であれば、期間が短くても十分なアピール材料になります。また、未経験の職種であれば、自己啓発していることも発揮できる能力として打ち出すことができます。

職務経歴書は面接につながるポイント

　採用担当者は、自社が求める人材と応募者が合致するかを見極めています。そのため、企業が求めている職務能力や経験に、職務経歴書に書き出した発揮できる能力が合致すれば、採用される確率はぐっと高くなります。

　加えて、発揮できる能力を明確にすることは、職務経歴書の経歴要約や自己PR、そして面接におけるアピールポイントの整理につながります。希望職種に関連する自分の能力を整理したうえで、応募時はそれぞれの企業が求めている人材に合わせて職務経歴書を見直してください。

> **! POINT**
>
> - 希望職種で生かせる能力や経験を書き出す。
> - 職務経歴書は企業が応募者を見極める重要なポイントだと認識する。
> - 応募時は、それぞれの企業に合わせて職務経歴書を見直す。

発揮できる能力シート

これまでの経験から、希望職種（企業）で発揮できる能力を書き出しましょう。

就きたい職種（業界）

●発揮できる能力

具体的な経験

●発揮できる能力

具体的な経験

●発揮できる能力

具体的な経験

職種別　発揮できる能力例

職種別の発揮できる能力の記入例です。記入する際の参考にしてください。

営業職

発揮できる能力	目標達成能力に優れている。
具体的な経験	前職において3年連続で売上目標をクリアした。

発揮できる能力	顧客ニーズを汲み取り対応できる。
具体的な経験	先回りした期待以上の気配り、サービスによって新たなお客様、またそこから新たなご紹介をたくさん頂いた。

発揮できる能力	交渉力に優れている。
具体的な経験	難しそうな商談も粘り強く交渉を重ねることで、お客様の信頼を得ることができ、成約に結びつけた。

発揮できる能力	短期間で戦力として貢献できる。
具体的な経験	前職の同業界の営業職経験があり、人脈・販路などを生かせる。

経理職

発揮できる能力	月次処理から決算業務まで経理全般の処理能力。
具体的な経験	5年間の経理課の主要メンバーとしての経験から、短期間で戦力として貢献できる。

発揮できる能力	経理の経験から、複数の経理ソフトを使える。
具体的な経験	5年間経理に携わり、その間に数社の経理ソフトを使ってきた実務経験がある。

発揮できる能力	問題改善能力に優れている。
具体的な経験	前職において、通常なら5日かかっていた帳票類の作成期間を作業効率化を上げることによって3日に短縮した。

発揮できる能力	連結決算業務に精通している。
具体的な経験	前職において携わってきた、上場企業の連結決算業務経験を生かせる。

SE職

発揮できる能力	これまでの幅広い経験から短期間で戦力になれる。
具体的な経験	前職で扱ってきたWEB系・制御系・オープン系と幅広いテクニカルスキルがある。

発揮できる能力	病院・銀行系の開発経験。
具体的な経験	前職において、病院・銀行のシステム開発経験がある。

発揮できる能力	リーダー経験を生かせる。
具体的な経験	前職においてチームのリーダーとして、クライアントとの交渉及びメンバーとの円滑なコミュニケーションを心がけてきた。

求められているポジションや開発経験と関連する能力をアピールします。

施工管理職

発揮できる能力	施工管理業務全般に精通している。
具体的な経験	戸建住宅の工程管理、下請け業者手配、安全管理の経験がある。

発揮できる能力	交渉力に優れている。
具体的な経験	周辺地域住民への事前説明を円滑に行ない、業者との折衝を含んだ打ち合わせの経験がある。

発揮できる能力	2級建築施工管理技士の資格を生かせる。
具体的な経験	現在、1級建築施工管理士の資格取得を目指している。

豊富な施工経験から、即戦力になる人材だとアピールしましょう。

人事職

発揮できる能力	労務管理（給与計算・社会保険手続き）に精通している。
具体的な経験	前職では1500名の給与計算、社会保険手続き業務に携わってきた。

発揮できる能力	新卒、中途採用の採用業務経験がある。
具体的な経験	新卒（50人）、中途採用（年間100人）の採用業務経験がある。

発揮できる能力	制度改革の経験を生かせる。
具体的な経験	前職では総務部と連携し労働環境の改善、労働生産性の向上に努めた。

人事の総合力なのか特化した能力なのか、見極めてアピールします。

編集職

発揮できる能力	書籍、雑誌の編集経験を生かせる。
具体的な経験	これまで書籍、雑誌の編集に8年間携わってきた。

発揮できる能力	企画力がある。
具体的な経験	前職において累計10万部に及ぶヒット作を企画した。

発揮できる能力	WEBコンテンツにも精通。
具体的な経験	占い、フリーマーケットのWEBサイト運営経験がある。

関連する媒体の編集経験、企画力などを書き出しましょう。

法務・コンプライアンス職

発揮できる能力	民法・商法・会社法を熟知している。

具体的な経験 | 法学部出身であり、前職で法務部での勤務経験がある。

発揮できる能力	ビジネスレベルの語学力。

具体的な経験 | 4年間の留学経験とTOEIC850点のスコアがある。

発揮できる能力	コンプライアンス、リスクマネジメントの社内規定を作成できる。

具体的な経験 | 前職において社内規定作成の経験がある。

規定作成経験、運用経験、法律知識などを記載しましょう。

● 発揮できる能力キーワード例

営業系	目標達成能力　交渉力　企画力　得意とする営業手法　営業成績
事務系	専門知識　事務処理能力　改善能力　リスクマネジメントの知識　折衝力
販売接客系	接客力　売上達成能力　企画力　マーケティング力　指導力
IT系	テクニカルスキル　コミュニケーション能力　企画力　マネジメント能力
公務員系	社会人経験との関連性　公務員としての志　問題改善能力
クリエーティブ系	企画力　編集力　プロデュース力　コミュニケーション能力
介護系	介護にかかわる知識（資格を含む）　調整力　コミュニケーション能力

汎用できる能力をアピールする（未経験・キャリアチェンジの場合）

汎用できるスキル・経験を打ち出す

　未経験の職種への転職を希望する場合、企業からはキャリアチェンジしたい明確な志望理由が求められます。また、転職では、未経験であっても即戦力になる人材を求める企業が多いので、これまでの経験から未経験の職種で汎用できるスキルや経験を打ち出すことが必要です。そして、汎用できるスキルや自己啓発していることなどを生かして、企業へ即戦力になる人材だとアピールしなければいけません。また、同業界の未経験の職種への転職なら、職種が異なっても業界知識をアピールすることが可能です。

年齢とともに未経験の職種への応募は難しくなる

　20代であれば未経験の職種への転職も可能ですが、30代以降になるとやる気や意欲があっても、年齢に比例して未経験の職種への転職は難しくなっていきます。しかし、単なるキャリアチェンジではなく、今までの豊富な経験と企業が求める能力に関連性を持たせて、「さまざまな経験があるからこそ、応募先の企業で能力が発揮できる」と打ち出すこともできます。応募先の企業に新しい風を吹き込むくらいの意欲を持ち、採用担当者に「異業種の視点が欲しい」と思わせられるようなアピールをしましょう。

POINT

- なぜ未経験の職種へ転職したいのかを明確にする。
- 汎用できるスキルや経験、自己啓発していることをアピールする。
- 同業界の場合は、未経験の職種でも業界知識が生かせる。

汎用できる能力シート（キャリアチェンジ）

これまでの経験から、未経験の職種にも汎用できる能力を書き出してみましょう。

就きたい職種（業界）

●キャリアチェンジしたい理由

　　・

　　・

●汎用できる能力

　理由

●汎用できる能力

　理由

●汎用できる能力

　理由

職種別　汎用できる能力例（未経験）

職種別の汎用できる能力の記入例です。記入する際の参考にしてください。

営業職

汎用できる能力	販売経験を生かして短期間で戦力になれる。
理由	販売職として培った接客経験を営業職でも生かせる。

汎用できる能力	業界（商材）の知識がある。
理由	以前から興味がある業界なので、個人的にリサーチしてきた経験を生かせる。

汎用できる能力	目標達成に貪欲に取り組む。
理由	負けず嫌いな性格なので、必ず売上目標を達成するように努めてきた。

目標達成能力や販売経験は異なる職種でもアピール材料になります。

経理職

汎用できる能力	簿記2級の資格を持っている。
理由	取得した知識を生かして短期間で戦力になれる。

汎用できる能力	営業事務経験の中で、経理業務の経験がある。
理由	営業事務として小口精算など経理と連携した業務経験がある。

汎用できる能力	営業事務経験を生かして短期間で戦力になれる。
理由	営業事務で培った、細かい作業や正確さを求められる仕事が生かせる。

未経験であれば、簿記の資格が有力なアピール材料になります。

SE職

| 汎用できる能力 | 専門学校で学んだ知識、経験を生かせる。 |

[理由] オープン系の開発経験を生かして短期間で戦力になれる。

| 汎用できる能力 | 医療業界向けの開発業務に生かせる。 |

[理由] 前職で病院の管理部門に従事していた。

| 汎用できる能力 | 情報処理技術者（レベル１）の資格を生かせる。 |

[理由] 現在レベル2及びオラクルマスター試験を目指している。

学生時代や個人の開発経験
も積極的に記載しましょう。

施工管理職

| 汎用できる能力 | CAD経験がある。 |

[理由] 前職でCADの使用経験があるので即戦力になれる。

| 汎用できる能力 | 不動産業界経験がある。 |

[理由] 前職の業界経験があるので、即戦力になれる。

| 汎用できる能力 | 大学で学んだ建築系の知識を生かせる。 |

[理由] 大学の建築学科を卒業しているので知識がある。

資格取得に向けて自己啓発
していれば記載しましょう。

人事職

汎用できる能力	スタッフ管理の経験を生かして短期間で戦力になれる。
[理由]	前職では店長として30人のスタッフの労務管理及び採用業務を行なっていた。

汎用できる能力	労務管理知識を生かす。
[理由]	労務管理について自己啓発を行なっている。

汎用できる能力	PCスキルを生かす。
[理由]	事務処理能力を高めるためPC資格を所持している。

人材コーディネーター職

汎用できる能力	交渉力、折衝力がある。
[理由]	営業で培った経験を生かせる。

汎用できる能力	接客力がある。
[理由]	ショールームセールスの経験がある。

汎用できる能力	人のために尽くしたいという行動力がある。
[理由]	前職のMRで培った経験が根底にある。

●汎用できる能力キーワード例

営業系へのキャリアチェンジ	目標達成能力 交渉力 企画力 人脈 商品(業界)知識
事務系へのキャリアチェンジ	PCスキル 問題改善能力 専門知識 コミュニケーション能力

編集職

汎用できる能力	Photoshop、Illustratorを使える。
理由	学生時代から趣味でソフトに精通している。

汎用できる能力	企画力がある。
理由	前職の旅行業界では多くの旅行企画を実現させた。

汎用できる能力	枠組みにとらわれず柔軟な発想ができる。
理由	前職においても既存のやり方にとらわれず、新しい切り口の企画などさまざまな試みにチャレンジした。

スクール運営職

汎用できる能力	目標達成能力がある。
理由	販売職として培った接客経験を営業職でも生かせる。

汎用できる能力	家庭教師経験がある。
理由	大学3年間のアルバイトで家庭教師の経験がある。

汎用できる能力	カウンセリング知識がある。
理由	キャリアカウンセラー資格取得に向けて勉強している。

技術系への キャリアチェンジ	専門知識（技術）交渉力 関連業務の経験 自己啓発
販売系への キャリアチェンジ	アルバイトを含む接客（販売）経験 目標達成能力 商品知識

弱点・課題を整理する
（弱点の克服）

STEP 4

就きたい職種に自分を近づける

　転職活動をする人は、誰もが完璧な状態で応募するわけではありませんが、弱点や課題を放置したままでは、なかなか採用には至りません。まずは、右ページの「WORK 弱点改善シート」に自分が抱えている弱点や課題を書き出して整理してみましょう。未経験の職種を希望するなら、仕事内容は入社後に覚えるという姿勢ではなく、その職種に関連する知識を自己啓発するだけでもアピール材料になります。未経験だからと受身の姿勢ではなく、不足しているスキルや知識があれば、可能な限り自己啓発しましょう。

現況や雇用条件の問題も放置しない

　スキルや知識のほかに、「在職中でなかなか休みが取れない」、あるいは「転勤に伴う転居が難しい」といった状況が転職活動のネックになるケースがあります。在職中の応募者には、面接日時を休日や退勤後の遅い時間にするなど、一定の配慮をしてもらえることもあります。しかし、無理をしてでも休みを取るくらいの熱意も転職には必要です。また、転居が困難であれば、転勤がない求人情報や、支店がない企業、または単身赴任を検討するなど方法はあります。諦めずに転職活動を行ないましょう。

!POINT

- 弱点や課題を書き出し整理する。
- 不足しているスキルや知識は自己啓発する。
- 面接や転居などの問題も諦めずに解決策を探す。

弱点改善シート

転職に当たって不足しているスキル・資格など、弱点を書き出してみましょう。同時に改善方法も書き出すことで問題がクリアになります。

希望職種

● 不足しているスキル・知識・資格　　● 問題点の改善

・

➡

・

➡

<参考スキル・知識・資格>
・日商簿記3級（2級）を目指す　・TOEICのスコア取得を目指す
・PCスキルの資格取得を目指す　・普通自動車免許を取得する
・専門知識を学ぶ　・業界関連書籍を読む

例

希望職種　　　　経理職（未経験）

● 不足しているスキル・知識・資格　　● 問題点の改善

・経理知識がない。　　➡　簿記2級の資格を半年以内に取得する。

・PCスキルが不安。　　➡　スキルを高めるため独学でエクセルを勉強する。

・未経験なので転職できるか不安。　➡　状況により営業事務職、一般事務職に応募職種を広げる。

以下は自分の弱点を知るためのチェックリストです。該当するものにチェックを入れ、改善策について考えましょう。(➡改善案)

スキル

▼ CHECK

☐ スキルが低く即戦力になれない。
　➡未経験可能な求人を見つける。自己啓発を行なう。

☐ 未経験の職種を希望している。
　➡汎用できるスキルをアピールする。自己啓発で知識を補う。

☐ 資格重視の職種だが、その資格を取得していない。
　➡資格取得に向けて時期を明確にして勉強する。

☐ スキルアップができない。
　➡できない要因を考え、向上心を持って仕事に取り組む。

経験

▼ CHECK

☐ 経験期間が短い。
　➡短期間でも応募可能な求人を見つける。採用担当者に判断を仰ぐ。

☐ 経験の長さに実力が伴わない。
　➡過去の実績や経験からアピールポイントを掘り起こす。

☐ 求められる経験期間に満たない。
　➡能力を示して応募可能か、採用担当者に打診する。

☐ 転職回数が多く、1つのことに打ち込んだ経験がない。
　➡多くの経験をしてきたことをプラスにとらえ、アピールポイントに転換する。

意欲

▼ CHECK

☐ 転職への意欲がわかない。
　➡気持ちをリフレッシュさせる。充実した未来を想像してやりたいことを考える。

☐ やりたい仕事が思いつかない。
　➡得意な分野や、趣味など関心のあることに関連する分野も
　視野に入れて転職について考えてみる。

☐ 仕事を一生懸命に頑張る人の気持ちが理解できない。
　➡自分は自分という姿勢で、仕事に対して必要以上に気負わない。

☐ どんな仕事も大して変わらないと思う。
　➡変わらないのであれば現職のスキルを高めることを考える。

環境

▼ CHECK

☐ **在職中で休みが取りにくく、面接に対応できない。**
　➡半日休暇や仮病を使ってでも休みを取る。
　　面接日時に配慮してもらえることもあるので、採用担当者に相談する。

☐ **結婚を控えていて転職すべきか悩む。**
　➡面接時に伝えれば問題はない。応募したい企業があれば応募する。

☐ **人手不足で辞められない。**
　➡辞められない会社はないと、強い気持ちを持つ。

☐ **住居が遠隔地で通勤に問題がある。**
　➡状況によっては転居も考慮する。
　　募集要項の交通費の上限金額などからも、通勤可能か推測する。

労働条件

▼ CHECK

☐ **残業ができない。**
　➡雇用形態を含めて改めて検討し、
　　残業が少ない企業や、残業が少ない職種の求人情報なども調べる。

☐ **休日出勤ができない。**
　➡休日出勤がない企業や職種もあるので、粘り強く探す。

☐ **希望年収が高く、見合う求人が少ない。**
　➡最低限どこまで希望年収を落とせるか検討する。

☐ **転勤が難しい。**
　➡転勤がない企業や支店がない企業、または現地採用の職種などを見つける。

➡ADVICE

転職では自分の弱点や課題、
自分の状況や環境を把握することが
大切です。ネックになっている問題を
一つ一つクリアにしながら、
着実に転職活動を進めましょう。

キャリアの志向を明確にする（志向の整理）

STEP 5

志向タイプに合った企業を選択する

STEP2からSTEP4までは、自分の能力や適性を中心に自己分析してきましたが、STEP5では自分の志向を「安定志向」、「スキルアップ志向」、「管理職志向」、「高給志向」、「独立志向」の5つのタイプに分類し、仕事に対する自分の志向に焦点を当てて考えていきます。

仕事を通したやりがいを見出すには、自分の志向とある程度合致する志向の企業を選ぶことが大切です。右ページの「WORK 志向チェックシート」で、最も点数が高いまたは上位2つの志向タイプを認識しましょう。

志向によって求められる能力を認識する

志向タイプによって、企業から求められる能力もさまざまです。「高給志向」なら、企業からは高い報酬に見合う仕事が求められ、「安定志向」なら企業が安定した経営を実現できるようなビジネスの確立が求められます。また「スキルアップ志向」では、技術や知識を自ら覚えていくという姿勢が必要です。企業は学校ではないので、研修制度に多大な期待をしてはいけません。

右ページの「WORK 志向チェックシート」を使って自分の志向タイプを割り出し、希望する志向を明確にしてみましょう。

! POINT

● 「志向チェックシート」でキャリアの志向を明確にする。
● 自分の志向タイプを認識して企業選択を行なう。
● 企業からは志向タイプに見合う仕事が求められる。

WORK 志向チェックシート

自分の志向タイプは5つのうちどれに当てはまるのか診断してみましょう。

はい2点　どちらでもない1点　いいえ0点で記入し、各項目の合計点を記入しましょう。

安定志向タイプ
- 目先の給与より、
  長く安定した仕事がしたい。 [　]
- どちらかといえば実力主義より
  年功序列型を好む。 [　]
- 目立たなくてもいいので、
  コツコツと仕事がしたい。 [　]
- 企業の資本力や
  規模、社歴にこだわる。 [　]
- 多少意見が違っても、
  波風を立てず多数の意見に
  従うタイプだ。 [　]

計　　　点

高給志向タイプ
- 仕事がハードでも給与・賞与が
  高額であれば納得できる。 [　]
- リスクがあっても、
  より高い報酬を得たい。 [　]
- 自分には売りとなる
  際立った能力があると思う。 [　]
- 現状に満足せず、
  より利益を生む方法を
  常に考えている。 [　]
- 時間的な拘束が長くても、
  実績を積みたい。 [　]

計　　　点

スキルアップ志向タイプ
- 極めていきたいスキル、
  技術がある。 [　]
- 自己啓発や研修は、
  全く苦にならない。 [　]
- 資格や習得したスキルを
  仕事に生かしていきたい。 [　]
- 集中力があり、一度決めたら
  貫いていくタイプだ。 [　]
- スキルアップのためなら、
  時間やお金を惜しまない。 [　]

計　　　点

独立志向タイプ
- 将来は、リスクがあっても
  独立したい。 [　]
- 独立するためなら、
  苦労をいとわない。 [　]
- 独立のために
  貯蓄をしている。 [　]
- 独立に役立つなら、
  条件面にこだわらない。 [　]
- 独立に役立つ人脈や
  ノウハウを構築していきたい。 [　]

計　　　点

管理職志向タイプ
- リーダーシップを発揮し
  成果を上げたい。 [　]
- 数字に強く、俯瞰した立場から
  全体像を把握できる。 [　]
- 責任感があり
  目標達成意欲が強い。 [　]
- 昇格により
  上のポジションに就きたい。 [　]
- 問題を放置せず、
  改善能力がある。 [　]

計　　　点

志向レーダーチャート

P.61で診断した自分の志向タイプを、レーダーチャートに落とし込んでみましょう。

※チャートの1目盛り=2点

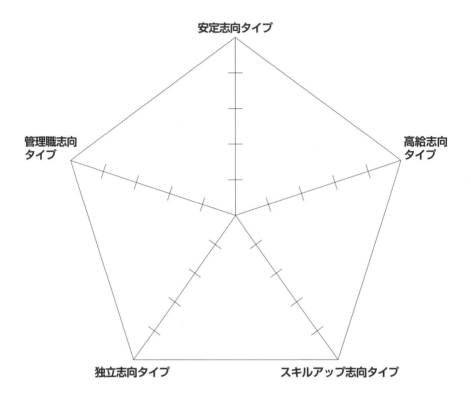

安定志向タイプ

高給志向
タイプ

管理職志向
タイプ

独立志向タイプ　　　　　スキルアップ志向タイプ

● 5つの志向タイプと注意点

収入にこだわるなら
高給志向タイプ ➡ 高収入に見合った成果が求められる。

安定した会社で働きたいなら
安定志向タイプ ➡ 大企業でも合併や倒産の
危険があることを認識する。

職務能力を高めたいなら
スキルアップ志向タイプ ➡ 面接で研修制度への強い期待を打ち出すと、
受身の姿勢と受け止められる。

組織のリーダーになりたいなら
管理職志向タイプ ➡ 管理職として求められることを
認識して入社する。

いずれは事業を営もうとするなら
独立志向タイプ ➡ 多くの企業は独立を
推奨していないことを認識する。

志向レーダーチャート例

　高給志向が強く、次いで安定志向の数字も高いタイプのレーダーチャートです。企業に対して、それなりの給与と安定を求めるならば、それに伴ったレベルの高い職務経験や実績などが求められます。自分自身の志向とキャリアを冷静に分析してみましょう。

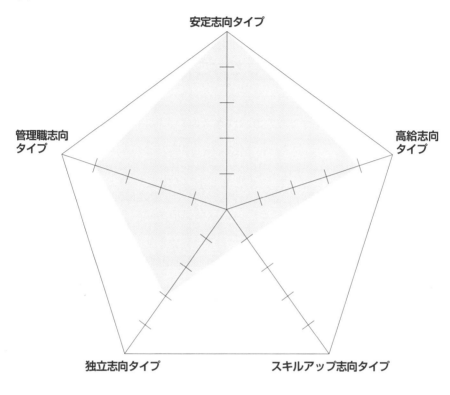

安定志向タイプ

管理職志向
タイプ

高給志向
タイプ

独立志向タイプ

スキルアップ志向タイプ

ADVICE

就きたい職種に対してキャリアや
経験年数などが不足していても、自分で
勝手に諦めず先方に打診してみましょう。
「まずは応募してみてください」と言われる
こともあります。また足りない経験や
知識に対して、自己啓発していることも
立派なアピールポイントです。

転職における優先事項を明確にする（優先事項の整理）

優先事項は必ず確認してから入社する

STEP 5で説明した「志向」が転職で期待する大きなフレームとすれば、STEP 6の優先事項は、年収をアップさせたい、福利厚生を充実させたい、通勤時間を短くしたいなど、より身近な「志向」を指します。

転職に当たって優先事項を明確にしていなければ、転職後に感じる違和感や、なかなか馴染めないという気持ちなど、すべてのことが企業が自分に合わないせいだと考えてしまい、再び転職活動に取り組むことになってしまうかもしれません。優先事項は、入社前に必ず確認したうえで転職しましょう。

優先事項が転職後の定着に影響する

転職で優先事項を期待しても無駄だと考える人がいますが、そのような考えではどの企業へ転職しても満足できない可能性があります。

転職において、自分の希望を100%満たしてくれる企業などありません。だからこそ、すべての希望が満たされなくても、最も優先したいことが満たされる企業へ転職することが大事です。優先事項を満たしてくれる企業へ入社すれば、多少のことで満足できなくても乗り越えることが可能です。

POINT

- 優先事項を満たしていない企業だと、再び転職してしまうケースもある。
- 希望を100%満たしてくれる企業はないので、最も優先したいことが満たされるのが大事。

優先事項記入シート

転職における優先事項を明確にするために、下記に記入してみましょう。最も優先したい内容には（　）に○を付けてください。

- ＿＿＿＿＿＿＿＿＿＿＿＿＿＿＿＿＿＿＿＿＿＿　（　　）
- ＿＿＿＿＿＿＿＿＿＿＿＿＿＿＿＿＿＿＿＿＿＿　（　　）
- ＿＿＿＿＿＿＿＿＿＿＿＿＿＿＿＿＿＿＿＿＿＿　（　　）
- ＿＿＿＿＿＿＿＿＿＿＿＿＿＿＿＿＿＿＿＿＿＿　（　　）
- ＿＿＿＿＿＿＿＿＿＿＿＿＿＿＿＿＿＿＿＿＿＿　（　　）

優先事項例

- ・これまでの経験を生かせる仕事内容。
- ・100万円の年収アップ。
- ・労働環境の良い企業。
- ・経営が安定している企業。
- ・独立に役立つ企業。
- ・平均年齢が低い企業。
- ・平均年齢が高い企業。

- ・福利厚生がしっかりしている企業。
- ・通勤時間・距離の短縮。
- ・転勤のない企業。
- ・海外勤務のある企業。
- ・特定の業界、職種。
- ・キャリアパスが明確な企業。

キャリアビジョンを明確にする（5年・10年後の姿）

目指す仕事とやるべき仕事を考える

　転職は、目指す仕事（ゴール）へ向けての通過点の1つにすぎません。なぜ転職をしたいのか改めて考えたうえで、目指す仕事で実現したい目標、つまりキャリアビジョンを5年後、10年後という長期のスパンで考えてみてください。

　新卒時の就職では実務経験がないので、キャリアビジョンや、そのためにやるべき仕事が分からないことがあったかもしれません。しかし、転職では、仕事を長い目でとらえて、キャリアビジョンを明確にし、目指す仕事ややるべき仕事を明確にすることが大切です。

目標からやるべきことを考える

　キャリアビジョンを明確にしたら、それに到達するまでにやるべき仕事を時系列で考えていきます。思うように進まなければ修正を重ね、納得できるまで考えましょう。また転職後に、目指す仕事、やるべき仕事などのキャリアビジョンが変化することもありますが、その度に軸がぶれないように修正していくことが大切です。漠然とした気持ちで仕事をすると、時間だけが経過して5年後、10年後に成果を出せない可能性もあります。明確なキャリアビジョンは、仕事を考える中でとても大切な指針なのです。

POINT

- 仕事を5年後、10年後という長期のスパンでとらえる。
- 目指す仕事の実現が、転職のゴールだと認識する。
- 目指す仕事を明確にして、そのためにやるべき仕事を考える。

WORK ┃ **キャリアビジョンシート**

　転職について改めて考え、下記のワークシートに書き込みながらキャリアビジョンを明確にしましょう。

● 転職の目的（なぜ転職するのか？）

希望職種 　　　　　　　　　　　　　　業界

● 時系列でとらえる

転職時期 　　　　　　　年　月　　　　やるべき仕事（スキルアップ含む）

転職後1年経過　　　　年　　　月　⇒

転職後3年経過　　　　年　　　月　⇒

転職後5年経過　　　　年　　　月　⇒

5年後に目指す仕事（ポジション）

転職後7年経過　　　　年　　　月　⇒

転職後10年経過　　　　年　　　月　⇒

10年後に目指す仕事（ポジション）

例

● 転職の目的（なぜ転職するのか？）

建築学科を卒業しており、学生のころから施工管理の仕事に興味があったため。

希望職種　施工管理職　　　　　　　業界　不動産

● 時系列でとらえる

転職時期 　　　　　　年　月　　　　やるべき仕事（スキルアップ含む）

転職後1年経過　　30年12月　⇒　施工管理補佐の仕事をしっかりと務める。

転職後3年経過　　33年12月　⇒　補佐から自分だけの担当物件を任される。

転職後5年経過　　35年12月　⇒　マネジメントに携わり管理職となる。

5年後に目指す仕事（ポジション）　チームリーダーかプロジェクトマネジャー

転職後7年経過　　37年12月　⇒　マンション管理士の資格を取得し、
　　　　　　　　　　　　　　　　　分譲マンションの開発・売買に携わる。

転職後10年経過　40年12月　⇒　事業部長になり事業を統括する。

10年後に目指す仕事（ポジション）　事業部長

STEP1〜STEP7 自己分析まとめ

　STEP1 〜 STEP7で実践してきた自己分析のWORKを振り返りながら、まとめて
みましょう。

STEP1 **自分を知りアピールポイントを整理する（自己診断）**

私は _____ に優れています。

前職では _____ といった経験をしました。

STEP2 **これまでの職務経験の棚卸しをする（経験の棚卸し）**

［主な職務1］

［評価・実績］

［主な職務2］

［評価・実績］

［主な職務3］

［評価・実績］

STEP3 **発揮できる職務能力（スキル）を認識する（発揮できる能力）**

［発揮できる能力］

［理由］

［発揮できる能力］

［理由］

［発揮できる能力］

［理由］

［汎用できる能力（未経験の場合）］

［理由］

［汎用できる能力（未経験の場合）］

［理由］

［汎用できる能力（未経験の場合）］

［理由］

STEP4 **弱点・課題を整理する（弱点の克服）**

［弱点・課題］

［課題の克服方法］

［解決策］

［自己啓発していること］

STEP5 **キャリアの志向を明確にする（志向の整理）**

［志向］

STEP6 **転職における優先事項を明確にする（優先事項の整理）**

［優先事項］

STEP7 **キャリアビジョンを明確にする（5年・10年後の姿）**

［転職の目的］

希望職種 業界

［5年後に目指す仕事］

　［やるべき仕事］

　［やるべき仕事］

　［やるべき仕事］

［10年後に目指す仕事］

　［やるべき仕事］

　［やるべき仕事］

　［やるべき仕事］

転職活動で NG なこと 2

面接で質問攻めにしない

自分に合う会社に転職したいという気持ちが強いと、確認したいことを矢継ぎ早にいくつも質問してしまう人がいますが、これはNGです。事前に用意してきたいくつもの質問を繰り返せば、採用担当者は「面接は応募者が回答するもので、面接官が回答するものではない」と不快になるかもしれません。

　一方で、「何か質問は？」と問われて「ありません」と一言で終わらせると、入社意欲が感じられない応募者だと判断される可能性もあります。ただ、熱意を示そうと面接官がすでに説明した内容と同じ質問をしてしまうと、理解力に欠けると判断されるかもしれないので注意してください。

　また、面接官が説明や回答をする際、断りもなくメモを取るのも考えものです。説明会であれば、メモを取りながら話を聞くこともできますが、面接でいきなり手帳を取り出しメモを取れば、面接ではなく説明会になってしまうと考える面接官もいるでしょう。どうしてもメモを取りたければ、一度断りを入れてから取るべきです。

　転職では、通常、面接時に会社概要や仕事内容について説明を受けます。「質問は？」と問われて「十分ご説明頂きましたので、特にございません。お話を伺い、入社意欲が一層高まりました」と回答すれば、面接官も悪い気はしません。無理に質問を繰り返す応募者より、意欲を示しながら特にないと回答する応募者の方が、好感を持たれることが多いのです。

　また、待遇面や労働条件に固執した質問もNGと思っておきましょう。待遇面にしか興味のない応募者だと思われると、入社後も待遇面で不満があると、再び転職を繰り返すかもしれないと判断される可能性があります。

　「質問は？」と問われたら、原則として仕事内容にかかわる質問をしてください。面接は、採用担当者が採否のジャッジを行なうために質問をする場だと理解し、質問は多くても2つ程度にした方がいいでしょう。

第2章

自己分析を生かした
履歴書・職務経歴書の作成法

基本的な
履歴書作成のポイント

略さず丁寧な文字を心がける

　履歴書は職務経歴書と異なり、原則として市販の履歴書を使用すること
をお勧めします。履歴書への記入を手書きでするべきか、フォームをダウ
ンロードしてパソコンで作成するべきか悩む人がいますが、特に指定がな
ければどちらでも構いません。ただし、手書きの履歴書から人間性や意欲
を読み取れると考える採用担当者もいます。そのため、手書きで提出する
場合には、丁寧に記載してください。なお、高等学校を高校、株式会社を
（株）と略さず、正式名称で記載しましょう。

応募企業向けの保有資格や志望動機

　保有資格に応募職種と関連しない資格が多く記載されていると、ほかの
仕事に就きたい応募者だと判断される可能性があるため、原則として応募
企業で生かせる資格を記載するようにします。また、志望動機もどの企業
でも該当するような内容ではなく、「応募企業だからこそ入社したい」と
感じさせる志望動機を記載しましょう。

　採用担当者は、履歴書の記載内容から求める人材像とのマッチングと、
自社への入社意欲を見極めています。

POINT

- ● 手書きの場合は、（株）などの略語は使用せず、
　正式名称で記載する。
- ● 保有資格は応募企業で生かせる資格を記載する。
- ● 志望動機は、各応募企業向けの内容を記載する。

履歴書チェックポイントと採用担当者の視点

　履歴書を作成する前に、下記のポイントをチェックしましょう。その際は、採用担当者の視点を意識するようにしてください。（➡採用担当者の視点）

▼ CHECK

☐ 市販の履歴書で書いているか。
　　➡オリジナルの履歴書の場合、割愛している点があると懸念を抱く。

☐ 丁寧な字で記載しているか。
　　➡丁寧な仕事を行なう応募者だとイメージする。

☐ 略字を使用せず正式名称で記載しているか。
　　➡丁寧な仕事を行なう応募者だとイメージする。

☐ 適切な写真を貼っているか。
　　➡仕事への意欲や人間性をイメージする。

☐ 学歴、職務経歴の年号に誤りがないか。
　　➡信ぴょう性に問題がないか見極める。

☐ 学歴の中退の理由を簡潔に記載しているか。
　　➡仕事に影響しない理由か検討する。

☐ 職務経験が応募企業で生かせるか。
　　➡職務経歴書と併用して確認する。

☐ 志望動機が応募企業向けの内容か。
　　➡自社向けの志望動機であれば第一志望だと受け取る。

☐ 生かせる資格を記載しているか。
　　➡記載されていれば、志望する職種へのぶれがないと受け取る。

☐ 通勤時間に問題がないか。
　　➡難しい場合、転居を考えているか見極める。

☐ 本人希望欄に条件面のみの記載をしていないか。
　　➡給与、条件面だけの応募ではないか見極める。

提出する年月日を
忘れずに記入する。

自動で撮影できる写真や
スナップ写真ではなく、
できる限り写真スタジオ
で撮影したものを貼る。

履 歴 書　　20○○年 ○月 ○日現在

ふりがな	やまだ　たろう		
氏　名	山田　太郎		
20○○年　8月20日生　（満31歳）		性別　男	

写真
縦36-40mm
横24-30mm

ふりがな　とうきょうとなかのくなかの3-○-△	電話
現住所　〒100-0000 東京都中野区中野3-○-△	03-○○○○-○○○○
ふりがな	電話（携帯）
連絡先〒 電子メール　○○○@mynavi.jp	080-○○○○-○○○○

年	月	学　歴　・　職　歴
		学歴
20○○年	3	東京都立○○高等学校　　　　　卒業
20○○年	4	○○○大学経済学部経済学科　　入学
20○○年	3	○○○大学経済学部経済学科　　卒業
		職歴
20○○年	4	株式会社○○商事　入社
20○○年		人事部配属　採用・給与計算担当
20○○年	5	一身上の都合により退職
20○○年	7	○○建設株式会社　入社
20○○年		人事部配属
		採用（新卒・中途採用）・給与計算・社会保険担当
		研修制度の構築・新入社員、中堅社員研修の実施
20○○年	4	総務部に異動
		車両管理・資産管理・就業規則の改定に従事
20○○年	8	一身上の都合により退職

都道府県から
記載する。

すぐに連絡が
取れる番号を
記載する。

年号に誤りが
ないか確認を
する。

学部・学科名
を正式に記載
する。

（株）と略さ
ず正式名称で
記載する。

「高校」と略さず正
式名称で記載する。

応募職種で生かせる
資格を記載する。

応募企業で生かせる
資格であれば、取得
予定でも記載してア
ピールする。

年	月	●免　許　・　資　格
20○○年	8	普通自動車第一種免許取得
20○○年	10	マイクロソフトオフィスマスター資格取得
20○○年	11	簿記3級
		現在キャリアコンサルタントの資格取得に向けて勉強しています。

応募企業で生
かせることを
アピールする。

自己PR●

フットワークが軽く、行動力があり、人のために尽くすことに、労力を
惜しみません。総務、人事の仕事を通じて現場の社員が働きやすい環境
で仕事ができるよう、研修の実施、報告書の改善やクラウド化を行ない
ました。また労働基準法の改正に伴う就業規則の改定などを行ない、労
務環境の整備を行ないました。また現在キャリアコンサルタントの資格
取得に向けて自己啓発しています。

●志望の動機	通勤時間
キャリアコーディネーター職を希望します。 人事職、総務職として人とかかわる仕事をし てきました。これまでの人事経験を生かして、 求職者と企業を結びつける仕事に就きたいと 考え志望いたしました。 （詳細は職務経歴書に記載させていただきます。）	約 45分

	扶養家族数（配偶者を除く） 1人
	配偶者 有 / 配偶者扶養義務 有

本人希望●

特にございません。

スペースが狭い場合は、
概略を記載し、詳細は
職務経歴書に記載して
もよい。

譲れない年収希望があれば記載すべき
だが、年収しか興味がないと受け取ら
れる可能性があるので、面接時もしく
は内定時に交渉した方がよい。

読みやすい 職務経歴書作成ポイント

企業が求める経験を強調する

　職務経歴書では、まず冒頭に「経歴要約」という見出しを付けて、経歴をまとめた文章を記載しましょう（詳しくはP.78参照）。これによって、一目で応募企業が求めている人材かどうかが伝えられるので、その後の内容に興味を持ってもらいやすくなります。

　「経歴要約」には、応募企業が求めていると考えられる職務経験と、第1章の「STEP2 WORK 職務経歴書の棚卸しシート」（P.43参照）に記入した内容が合致する部分を強調して記載します。職務経歴書は伝えたい内容が伝わるように作成することが大事です。

職務内容に加えて実績・評価を盛り込む

　次に「職務経験」という見出しを付け、「勤務した企業名」「雇用形態」「経験期間」と、携わった具体的な職務内容を記載します。ここでもすべてを同じボリュームで記載するのではなく、生かせる経験は強調し、実績や評価といった見出しを付けて、信ぴょう性をアピールしてください。

　職務経歴書（職務内容欄についてはP.82を参照）は、仕事などでのプレゼン資料と同じだと認識してください。必要とされている経験を強調したうえで、志望動機や自己PRなどを盛り込んで記載しましょう。

POINT

- 見出しに「経歴要約」と書き出し、経験をアピールする。
- 応募先企業に求められている職務経験を強調する。
- プレゼン資料だと認識し、実績や評価を盛り込んで記載する。

職務経歴書

20○○年○月○日
氏名　○○ ○○

【経歴要約】────── 応募企業で生かせる経験を盛り込んだ文章を
記載する（200〜250字）。
STEP3-1　WORK 発揮できる能力シート
（P.45参照）を引用。

【職務経験】
○○株式会社　（雇用形態　　　　　）　（20○○年○月〜現在）

＜職種＞
＜主な職務＞
・
・
・
・
＜実績・評価＞── STEP2　WORK 職務経歴書の
棚卸しシート（P.43参照）を引用。

＜退職理由＞── STEP7　WORK キャリアビジョン
シート（P.67参照）を引用。

【自己PR】────── STEP1-4　WORK 転職力診断
シート（P.39参照）を引用。

【貴社で発揮できる能力】── STEP3-1　WORK 発揮できる能力
シート（P.45参照）を引用。

【志望理由】────── STEP3-1　WORK 発揮できる能力
シート（P.45参照）、
STEP7　WORK キャリアビジョン
シート（P.67参照）を引用。

分かりやすい経歴要約の書き方

企業が求める経験を強調する

　職務経歴書の書き方は、特に指定がない限り自由です。そのため、必ずしも経歴要約を記載する必要はありませんが、いきなり会社名を記載するより、文章でどのような人材なのかを伝えることで、採用担当者に興味を持ってもらえる可能性が高まります。

　経歴要約は、第1章の「STEP3　WORK 発揮・汎用できる能力シート」（P.45・51参照）に書き込んだことを使って作成します。文字量が多いと読み飛ばされる可能性があるため、30秒程度で読める200〜250字程度が適当です。

入社したい意欲を盛り込んでも構わない

　経歴要約文の作成のポイントは、経歴だけを記載するのではなく、応募企業で活躍できる人材であることをアピールすることです。経歴だけの記載だと、企業が求めている人材と異なると判断されれば、マイナス効果になることもあるからです。

　未経験の職種への経歴要約文であれば、汎用できる経験を強調して記載しましょう。経歴要約の末尾に「これまでの経験があるからこそ、応募企業で活躍したい」という一文を盛り込んでも構いません。

POINT

- ◉ 応募企業で生かせる経験を強調して記載する。
- ◉ 長文にはせず、簡潔で読みやすい文章量を心がける。
- ◉ 経歴要約の末尾に入社意欲の一文を盛り込んでも構わない。

WORK

経歴要約の書き方シート

「**STEP3-1　WORK 発揮できる能力シート**」（P.45参照）、「**STEP3-2　WORK 汎用できる能力シート**」（P.51参照）を参考にしながら実際に書き込んでみましょう。

●発揮できる能力

具体的な経験

●発揮できる能力

具体的な経験

●汎用できる能力

具体的な理由

【経歴要約】（上記の発揮できる能力と汎用できる能力、経験を盛り込み200〜250字程度で作成）

経歴要約の書き方シート記入例

職務経歴要約の書き方の例文です。記入の際の参考にしてください。

営業職

●発揮できる能力

目標達成能力に優れている。

具体的な経験
前職において3年連続で目標をクリアした。

●発揮できる能力

お客様のニーズを正しく汲み取り、間違いのない対応ができる。

具体的な経験
お客様の期待以上の気配りやサービスを心がけることで、
新たなお客様の紹介へつながった。

●発揮できる能力

交渉力に優れている。

具体的な経験
周囲から「受注は難しい」と言われたお客様でも、粘り強く交渉を重ねることで、信頼を得ることができ契約に結びついた。その後ずっと顧客としてお付き合いが続いている。

【経歴要約】（上記の発揮できる能力と経験を盛り込み200〜250字程度で作成）

　大学卒業後、建築資材の代理店営業職として6年間勤務しました。直近3年間は、代理店からの紹介が増え、売上目標を達成することができました。常に粘り強く交渉を重ねることと相手の気持ちを汲み取り対応することでお客様の信頼を得ることができ、売上目標の達成につながったと思っています。また代理店が困らないよう常にフットワークの軽い営業を心がけてきました。係長昇格後は、新入社員育成にも努めて参りました。今後これまで培った営業経験を生かして、ぜひとも貴社で貢献したいと考え応募しました。

働く姿勢も盛り込まれており、
応募企業で活躍するイメージを
与える内容です。

経理職（未経験）

● 汎用できる能力

簿記2級の資格を取得。

具体的な理由

取得した知識を生かして、短期間で戦力になれる。

● 汎用できる能力

3年間の営業事務経験。

具体的な理由

営業事務として3年間従事し、精算業務や経理と連携した業務を
行なってきた。

● 汎用できる能力

正確かつ迅速な仕事を行なう能力。

具体的な理由

精算業務などでは正確さはもちろんのこと、経費精算など、
締め切りが決まっている業務では迅速な対応を心がけてきた。

【経歴要約】（上記の発揮できる能力と経験を盛り込み200～250字程度で作成）

　経理の専門学校を卒業後、○○株式会社において営業事務職とし
て3年間勤務しました。主な業務として小口精算や旅費精算など、
経理と連携した業務を行なってきました。また売上速報などの帳票
類作成では読みやすさにこだわり、上司から評価されました。営業
事務職としての経験を生かして、今後は経理のスペシャリストとし
て経験を積み貢献していきたいと考えおります。簿記2級の資格を
取得していますので、工業簿記の知識もあり、短期間で戦力になれ
ると確信しています。

未経験の職種に就きたい経緯が
盛り込まれています。また、戦
力として期待できる内容です。

インパクトのある職務内容欄の書き方

求められている職務を強調する

　職務経歴書は、第1章の「STEP2　WORK 職務経歴書の棚卸しシート」（P.43参照）から、応募企業に求められている経験と合致するものを強調して記載しましょう。

　職務内容欄については携わった職務をただ羅列するだけではなく、「実績」「評価」「工夫改善」といった見出しを付けて簡潔に記載することで、より職務能力をアピールできます。また、技術系の職務経歴書では、経験した案件を羅列するのではなく、応募企業で生かせる案件を強調したうえで、評価などを盛り込み記載しましょう。

年代式・逆年代式・職能式を検討する

　複数の企業経験がある場合、過去から現在の企業へと順に記載する方法（年代式）、現在から過去にさかのぼって記載する方法（逆年代式）などがありますが、一社でも勤続が長く現在の仕事を強調したい場合は、職務内容を現在から過去にさかのぼって記載する方法（職能式）などもあります。

　伝えたい職務内容を上部に記載することで、読み手にインパクトを与えることができるので、どのような形式で職務内容欄を書くのかは、応募企業や自分に合った記載方法を検討し、選択しましょう。

POINT

- 企業が求める職務を強調して記載する。
- 実績や評価を簡潔に盛り込み記載する。
- 年代式、逆年代式、職能式など自分に合った方法を選択する。

職務内容欄の書き方シート

「**STEP2 WORK 職務経歴書の棚卸しシート**」（P.43参照）に記入したことを参考にしながら、職務内容欄を逆年代式で書き込んでみましょう。

【職務経験】

＿＿＿＿＿＿＿＿＿＿＿ 株式会社 （雇用形態 ＿＿＿＿＿＿＿＿ ）　　（20○○年○月～現在）

＜職種＞ ＿＿＿＿＿＿＿＿＿＿＿＿＿＿＿＿＿＿＿＿＿＿＿　（20○○年○月～現在）

＜主な職務＞
- ＿＿＿＿＿＿＿＿＿＿＿＿＿＿＿＿＿＿＿＿＿＿＿＿＿＿＿＿＿＿
- ＿＿＿＿＿＿＿＿＿＿＿＿＿＿＿＿＿＿＿＿＿＿＿＿＿＿＿＿＿＿
- ＿＿＿＿＿＿＿＿＿＿＿＿＿＿＿＿＿＿＿＿＿＿＿＿＿＿＿＿＿＿
- ＿＿＿＿＿＿＿＿＿＿＿＿＿＿＿＿＿＿＿＿＿＿＿＿＿＿＿＿＿＿

＜実績・評価＞
＿＿＿＿＿＿＿＿＿＿＿＿＿＿＿＿＿＿＿＿＿＿＿＿＿＿＿＿＿＿＿＿＿

【職務経験】

＿＿＿＿＿＿＿＿＿＿＿ 株式会社 （雇用形態 ＿＿＿＿＿＿＿＿ ）　（20○○年○月～ 20○○年○月）

＜職種＞ ＿＿＿＿＿＿＿＿＿＿＿＿＿＿＿＿＿＿＿＿　（20○○年○月～ 20○○年○月）

＜主な職務＞
- ＿＿＿＿＿＿＿＿＿＿＿＿＿＿＿＿＿＿＿＿＿＿＿＿＿＿＿＿＿＿
- ＿＿＿＿＿＿＿＿＿＿＿＿＿＿＿＿＿＿＿＿＿＿＿＿＿＿＿＿＿＿
- ＿＿＿＿＿＿＿＿＿＿＿＿＿＿＿＿＿＿＿＿＿＿＿＿＿＿＿＿＿＿
- ＿＿＿＿＿＿＿＿＿＿＿＿＿＿＿＿＿＿＿＿＿＿＿＿＿＿＿＿＿＿

＜実績・評価＞
＿＿＿＿＿＿＿＿＿＿＿＿＿＿＿＿＿＿＿＿＿＿＿＿＿＿＿＿＿＿＿＿＿

第2章 自己分析を生かした履歴書・職務経歴書の作成法

職務内容欄の書き方の例文です。記入する際の参考にしてください。

総務職

【職務経験】

○○○○株式会社　（正社員）　（20○○年 ○月～現在）

<職種> 総務職　（20○○年 ○月～現在）

<主な職務>
・就業規則などの各種制度の運用
・社有車の管理
・固定資産の管理
・社内レクリエーションの運営
・株式実務

> 同一の企業で現在の職種から過去にさかのぼる形式で書かれており、現職をアピールしています。実績・評価から、総務職としての能力をイメージできます。

<実績・評価>
・人事部と連携してシフト制を導入し、業務の時短化を行なう。
・社有車の管理を本部一括で行なうことで経費を10%削減。
・社内レクリエーションを運営管理し、定着率に貢献。
・株主総会事務局として円滑に総会を運営。

<職種> 営業事務職　（20○○年 ○月～ 20○○年 ○月）

<主な職務>○○支店における営業事務職
・小口精算
・旅費精算
・売上報告書、販促物の作成

<実績・評価>
・報告書・販促物を読みやすい書式に改善し評価される。

・本社総務部に異動。　　　　　　　　　　（20○○年 ○月～ 20○○年 ○月）

営業職

【職務経験】

○○○○株式会社　（正社員）（20○○年 ○月～現在）

<職種> 営業職(戸建住宅)（20○○年 ○月～現在）

<主な職務>
・戸建住宅の販売

<実績・評価>
20○○年売上実績　○億○万円　　　年間販売戸数○戸（営業所内5位）

<転職理由>
関係会社業績悪化に伴い転職を決意。

【職務経験】

○○○○株式会社　（正社員）（20○○年 ○月～20○○年 ○月）

<職種> 営業職(住宅リフォーム)（20○○年 ○月～20○○年 ○月）

<主な職務>
・ショールームに来店されるお客様への営業
・ご紹介、お問い合わせによる訪問営業

前々職をアピールしたいため、前々職の内容を多く記載しています。

<実績・評価>
20○○年売上実績　○億○万円　　　（営業所内5位）
20○○年売上実績　○億○万円　　　（営業所内3位）
20○○年売上実績　○億○万円　　　（営業所内2位）
※営業担当者12名中
リフォーム営業職として商品を販売するだけでなく、アフターフォローこそが次につながることを信条に営業を行ない成果を上げることができました。

<退職理由>
リフォーム営業経験を生かして、新築戸建住宅の販売に携わりたいと考え退職。

思いが伝わる 自己PR欄の書き方

結論を先に記載すると伝わりやすくなる

　職務経歴書の自己PRは、自分の思いを応募企業に伝えようとする意識が強過ぎると、ついつい長文になってしまい、伝えたいことがあいまいになってしまいます。実務経験に基づいたアピールを簡潔に伝えることを意識しましょう。

　また、結論を最後に記載すると何を伝えたいのかが伝わりにくくなることがあります。そのため、結論を先に記載し、その後にこれまでの経験を記載すると採用担当者に伝わりやすくなります。

応募企業で生かせる自己PRを考える

　自己PR欄では、応募企業で生かせる具体的な内容をアピールしましょう。経験を合わせて記載することで、採用担当者に具体的な内容として伝わります。例えば「目標達成能力があります」だけでは、漠然とした内容です。しかし、「前職では……」とこれまでの経験を盛り込み、自己PRにつなげると、具体的な内容として伝わります。

　自己PRは採用担当者が注目する重要なポイントです。簡潔に、分かりやすく記載するように心がけましょう。

POINT

- ◉ 結論から記載すると伝わりやすくなる。
- ◉ 応募先企業の仕事に関連する内容を記載する。
- ◉ 具体的な経験を盛り込む。

自己PR欄の書き方シート

「**STEP1-4　WORK 転職力診断シート**」（P.39参照）、「**STEP3-1　WORK 発揮できる能力シート**」（P.45参照）を引用して、2パターンの自己PR欄の内容を書き込んでみましょう。

私は

_____ に優れています。

前職では

_____

_____ といった経験をしました。

_____ を生かして貢献していきたいと考えています。

私は

_____ に優れています。

前職では

_____

_____ といった経験をしました。

_____ を生かして貢献していきたいと考えています。

自己PR欄の書き方シート記入例

自己PR欄の書き方の例文です。記入する際の参考にしてください。

SE職

私は 交渉力に優れています。

前職では 開発チームのリーダーとしてクライアントとの交渉を主に行なって参りました。クライアントの要望を踏まえたうえで、実現が難しい内容については、事前にきちんと説明し納得してもらうことで、円滑に業務を遂行することができました。

今後も交渉力を生かして、貴社で戦力として頑張りたいと思います。

結論を先に記載することで、伝えたいことが分かりやすくなっています。

マーケティング職

私は 情報収集能力、分析能力に優れています。

前職では トレンドを把握したうえで、ターゲット層のニーズを引き出すための情報収集を行ない、商品開発に貢献しました。情報を集めるだけでなく、その情報をどのように生かせるか分析することが大切だと認識しています。情報収集、分析能力を生かして、貴社においても貢献できればと考えています。

前職の経験を盛り込むことで、応募職種に対してのアピールになっています。

編集職

私は 企画力に優れています。

前職では 周囲が売れないと考えてチャレンジしなかった企画を、売れるという信念のもとで実行し、成功を収めることができました。できないではなく、できると確信して行動することが大切だと考えています。これまで培った行動力を生かして、貴社においても実績が積めるよう頑張ります。

応募企業がどのような編集職を求めているのか分析したうえで、自己PRを行ないましょう。

人事職

私は 実践的な研修を運営できます。

前職では 人事職として社員研修に携わりました。年長者向けの研修を行なったとき、最初は戸惑いもありましたが、相手の立場に立ち、形だけの研修では終わらせたくないという信念から本音で話をさせていただきました。その結果、参加者の方から、実践的な研修で大変役立ったとお褒めの言葉をいただきました。

募集職種と関連性があれば採用担当者は興味を持ち、面接時の質問材料になります。

会いたいと思わせる、発揮できる能力の書き方

発揮できる能力を具体的に記載する

　採用担当者は、自社が求めている人材像と応募者を比べ、何ができるのかという点を見ています。そのため応募者は、企業が求めている人材像をチェックしたうえで、第1章の「STEP3-1　WORK 発揮できる能力シート」（P.45参照）を基に修正・加筆をした文章をまとめる必要があります。そしてそれを、「貴社で発揮できる能力」という見出しを付けて記入しましょう。企業が求める人材像と合致していれば、採用担当者は会ってみたいと考えるはずです。採用担当者に「この人は何ができるのか」と考えさせるのではなく、応募者が自分の能力を分かりやすく伝えることが大切です。

未経験の職種は汎用できる能力を記載

　未経験の職種であれば、汎用できるスキルや経験をアピールしましょう。自己啓発していることもアピール材料になります。資格が優遇される職種であれば、取得に向けて自己啓発していることをアピールしましょう。

　取得に向けて勉強中で、取得を目指している時期など、具体的な内容を伝えると効果的です。採用担当者は、未経験であってもこれまでの経験を今後どのように生かせるのかを知りたいのです。職務経歴書では経験だけでなく、応募企業でできることを積極的にアピールしてください。

POINT

◉ 応募企業が求める人材像に合致する部分を箇条書きで記載する。

◉ 未経験の職種は、汎用できるスキルを記載する。

◉ 資格取得など自己啓発していることもアピールになる。

WORK ## 発揮できる能力の書き方

募集要項から企業が求める人材像を読み取り、「**STEP3-1　WORK 発揮できる能力シート**」（P.45参照）を参考にして、応募先企業が求める人材像により近づけるように下記に書き込んでみましょう。

【貴社で発揮できる能力】

●発揮できる能力

具体的な経験

●発揮できる能力

具体的な経験

●発揮できる能力

具体的な経験

【未経験の職種で汎用できる能力】

●汎用できる能力

具体的な理由

●汎用できる能力

具体的な理由

●汎用できる能力

具体的な理由

経験職種で発揮できる能力の例文です。記入の際に参考にしてください。

WEBデザイナー

【貴社で発揮できる能力】

● **発揮できる能力** 納期と品質を重視して業務を遂行します。

具体的な経験 納期を守ることはもちろんのこと、
常に質の高いデザインを提供しました。

● **発揮できる能力** ディレクターとして能力を発揮します。

具体的な経験 コンテンツ企画・制作だけでなく
販売促進までの業務を遂行しました。

● **発揮できる能力** 通販サイト作成の実績を生かせます。

具体的な経験 月間15万PVの実績を構築しました。

求めている人材を想定
し、発揮できる能力を
記入しましょう。

店長職

【貴社で発揮できる能力】

● **発揮できる能力** 婦人服の販売促進経験を生かせます。

具体的な経験 年4回のイベントを開催し、
売上を向上させました。

● **発揮できる能力** 店長としてのマネジメント経験を生かせます。

具体的な経験 スタッフ管理、売上管理、店舗管理経験が
あります。

● **発揮できる能力** トレンドを見据えた店づくりができます。

具体的な経験 前職で前年対比120％の売上を達成しました。

売上目標の達成、人
材育成、商品知識につ
いて記入しましょう。

汎用できる能力の記入例（未経験職種）

未経験職種で汎用できる能力の例文です。記入の際に参考にしてください。

MR⇒人材コンサルタント（未経験職種）

【貴社で汎用できる能力】

- **汎用できる能力** 病院関連の人脈を生かせます。

  具体的な理由 MRとして培った病院関連の人脈を人材紹介ビジネスに生かせます。

- **汎用できる能力** 粘りのある交渉ができます。

  具体的な理由 MRとしての交渉力、折衝力を生かせます。

- **汎用できる能力** キャリアカウンセラー資格を生かせます。

  具体的な理由 昨年人材ビジネスに就きたいと考え取得しました。

医療業界の経験があれば、関連する業界の人材コンサルタントの利用を検討しましょう。

販売職⇒ホテルスタッフ（未経験職種）

【貴社で汎用できる能力】

- **汎用できる能力** 接客力を生かせます。

  具体的な理由 前職で培ったホスピタリティー精神を生かします。

- **汎用できる能力** 語学力を生かせます。

  具体的な理由 1年間のカナダへの短期留学経験があります。

- **汎用できる能力** PCスキルを生かした事務処理能力があります。

  具体的な理由 事務作業としてPCで売上報告、日報などを作成してきました。

お客様からの評価やホスピタリティーのある接客経験を記入しましょう。

印象に残る志望動機欄の書き方

能力と応募企業への思いを記載する

　転職の志望動機には、自分の職務能力を生かして応募先企業でできることや、やりたいことを記載します。さらにそれを実現できるのが応募企業であり、応募企業だからこそ入社したいという理由を書く必要があります。

　書くのがやりたいことだけでは、採用担当者に「ほかの企業でも構わないのでは」と受け止められかねません。また、書くのが応募企業への思いだけでも、「能力をアピールできない人材だ」として、採用に至らない可能性もあります。どちらかだけの記入ではなく、「やりたいこと」と「思い」の2つを記載しましょう。

目指す仕事とやるべきことを伝える

　志望動機は、第1章の「STEP7　WORK キャリアビジョンシート」（P.67参照）で考えた目指す仕事と、そのためにやるべき仕事を応用して作成できます。ただし、10年先ではやや長いと受け取られる場合もあるので、3〜5年後に実現したいことを書いても構いません。

　目指す仕事が「応募先企業でなら実現できる」というストーリーを伝えるように心がけましょう。採用担当者は中長期的な視野で仕事をとらえている、キャリアビジョンがはっきりした応募者に興味を持ちます。

！POINT

- 自分の能力を生かしたやりたいこと、できることを記入する。
- 応募企業だからこそ入社したい理由を記入する。
- 3〜5年後に実現したいことを記入する。

WORK

志望動機の書き方

募集要項から企業が求める人材像を読み取り、「**STEP7　WORK キャリアビジョンシート**」（P.67参照）を参考にして、より応募企業が求める人材像に近づけるように書き込んでみましょう。

●パターンA　※原則として同一の職種

貴社の　　　　　　　　　　　　　　　　　　　の募集記事を拝見し、

前職の　　　　　　　　　　　　　　　　　　　の経験を生かして

　　　　　　　　　　　　　　　したいと考え、志望いたしました。

特に貴社の　　　　　　　　　　　　　　　　　　　　　に

大変共感しており、ぜひとも貴社で

　　　　　　　　　　　　　　　　　として貢献できればと考え

志望させていただきました。

●パターンB（未経験）　※Bは会社の特徴を前面に押し出した書き方

前職における　　　　　　　　　　　　　　　　　の経験から、

　　　　　　　　　職に就きたいと考え、　　　　　　　　　　の

自己啓発を行なってきました。今回、貴社の未経験でも応募可能

な求人を拝見し、ぜひとも就きたいと考え、志望いたしました。

貴社の経営方針　　　　　　　　　　　　　　　　　　　　に

大変共感しています。短期間で戦力になれるよう自己啓発を行な

い、頑張りたいと思います。

志望動機の例文です。記入の際に参考にしてください。

編集職

　貴社の編集職の求人情報を拝見し、これまでの雑誌の編集経験を生かして、今後書籍の編集に携わりたいと考え志望いたしました。特に貴社のビジネス書籍に大変共感しており、以前から愛読しています。ぜひとも貴社の求人募集にありましたチャレンジ精神溢れる編集担当者として貢献したいと考え、志望させていただきました。

これまでの経験を生かし、
応募企業で働きたいという
気持ちが伝わってきます。

経理職

　これまでの12年間の経理業務経験を生かして、財務業務に携わりたいと考えていましたところ、貴社の財務担当社員の求人募集を拝見し、応募いたしました。前職における銀行との交渉経験も生かせると考えています。特に貴社は、食品業界におけるリーディングカンパニーであり、ぜひとも貴社で財務のスペシャリストとして貢献したいと考えております。

やりたいこと、でき
ることを的確に伝え
られています。

人事職

　人事職として主に採用業務に携わってきましたが、社員の労務管理まで仕事の幅を広げたいと考え、貴社の人事職へ応募いたしました。前職では、新卒新入社員50名、中途採用年間30名の採用業務を中心に行なってきましたが、社会保険、労務管理の知識もありますので、短期間で戦力になれると思っております。貴社の社員育成制度や定年制を廃止した労務管理制度に共感しております。ぜひとも貴社でこれまでの人事経験を生かして頑張りたいと思います。

具体的な数値を盛り込んでおり、信ぴょう性が伝わります。

営業事務職（未経験）

　前職における販売職としての経験から、営業事務職に就きたいと考え、PCスキルの向上を目指して自己啓発を行なってきました。今回、貴社の未経験でも応募可能な求人を拝見し、ぜひとも就きたいと考え志望いたしました。貴社の経営方針である「共生と繁栄」に大変共感しています。短期間で戦力になれるよう、さらなる自己啓発を行ない頑張りたいと思います。

未経験の仕事に就きたいという熱意を感じさせる志望動機です。

職務経歴書

20●●年●月●日
氏名　●●●●

【経歴要約】
大学卒業後●●株式会社に入社し、経理業務に7年間携わってきました。主な業務は、売掛金、買掛金、請求書発行業務、社員の給与計算、予算・実績管理資料の作成、決算処理に伴う資料作成を行なっています。全国20カ所の事業所のデータを正確かつ迅速に処理するよう、業務の改善も行ないました。
また昨年から係長として、新人育成や課内の管理業務も行なっています。
これまでの経験を生かして、経理・財務のスペシャリストとして貴社に貢献したいと考えています。

> 応募企業で生かせる経験を盛り込み、作成する。

【勤務先企業名】　●●株式会社　20●●年●月～現在

【職務内容】
経理課　（社員4名　派遣1名）
役職　係長（20●●年●月～現在）
＜業務内容＞
・伝票処理（売掛金・買掛金・請求書）
・予算・実績管理資料の作成
・固定資産税、消費税などの税金関連処理
・決算資料の作成
・社員の給与計算

> 実績を盛り込むことで能力がアピールできる。

＜実績＞
・各事業所から発送していた請求書を本部で一括して行なうことにより、事業所の労務の簡略化ができ、人件費の10％削減を達成しました。
・売上報告を経理システムと連動させることにより、売上報告書の作成期間を2日間短縮することができました。
・部下とのコミュニケーションを図った結果、それまで気がつかなかった部下の悩みが解決して業務の効率が上がりました。

【貴社で発揮できる能力】

> 応募企業で発揮できる能力を記入する。

・月次処理から決算業務まで経理全般に精通している。
　＊7年間の経理経験から短期間で戦力として貢献できる。
・複数の経理ソフトを使える。
　＊3社の経理ソフトを使ってきた経験が生かせる。
・問題改善能力がある。
　＊帳票類の作成を2日間短縮するなど業務改善を行なう。
・マネジメント能力を生かせる。
　＊係長としての部下の育成経験を生かせる。

【取得資格】
　20●●年　簿記2級取得

> 在職中であれば、求人を読んで転職を決意したという理由も有効。

【転職理由】
将来は財務関係にも携わり、経理のスペシャリストを目指したいと考えていましたところ、貴社の経理職幹部候補の求人を拝見し、●●●●●●という経営方針に共感し転職を決意いたしました。

職務経歴書

20●●年●月●日
氏名　●●●●

【経歴要約】
　経理の専門学校を卒業後、●●●株式会社において営業事務職として3年間勤務しました。主な業務として小口精算や旅費精算など経理と連携した業務を行なってきました。また売上速報などの帳票類作成では読みやすさにこだわり、上司から評価されました。営業事務職としての経験を生かして今後は経理のスペシャリストとして経験を積み、貢献していきたいと考えております。簿記2級の資格を取得していますので、工業簿記の知識もあり、短期間で戦力になれると確信しています。

【勤務先企業名】●●●株式会社　20●●年●月〜現在

> 未経験の職種への募集でも、汎用できる経験を強調した文章を作成する。

【職務内容】
　営業事務職
　・小口精算
　・旅費精算
　・販促物の作成
　・来客応対、電話応対
　・売上報告書の作成

> 応募職種と関連する職務を上部に記入する。

【実績】
　営業社員8名に対して、営業事務職としてフォローして参りました。常に働きやすく営業に集中できる環境を心がけ、迅速な精算業務、効果的な販促物の作成では、上司から高く評価されました。

【貴社で汎用できる能力】

> 未経験でも関連する資格があれば、知識をアピールできる。

　・簿記2級の資格を生かせます。
　　＊取得した知識を生かして短期間で戦力になれるよう頑張ります。
　・営業事務経験を生かせます。
　　＊営業事務として小口精算や経理と連携した業務を行ないました。
　・PCスキルを生かせます。
　　＊ワード、エクセル、パワーポイントを問題なく使用できます。

【保有資格】
　日商簿記2級

【志望動機】
　営業事務経験を生かして、経理のスペシャリストを目指したいと考えていましたところ、貴社の求人募集を拝見し、以前から貴社の商品を愛用させていただいていることと、未経験でも経理職への応募が可能なため、ぜひ短期間で戦力になり貢献したいと考え志望いたしました。

> 経歴要約の土台となる材料になる。未経験の職種でも、関連する経験や知識を箇条書きで記入することでインパクトを与えられる。

> これまでの経験を生かして戦力になりたいという姿勢に好感が持てる。

周りと差がつく WEB履歴書の書き方

WEB履歴書の特徴を理解する

　昨今の転職では、マイナビ転職などの求人サイトから応募する方法が主流です。WEB履歴書が1次選考になるケースも多いので、その特徴や、紙の職務経歴書との違いを整理しておきましょう。多くの求人サイトには、企業側が匿名の転職希望者の登録データやWEB履歴書の一部を閲覧し、応募を促すスカウト機能があるので、希望職種を意識して作成しましょう。特定の企業へ応募する場合は、職務経歴書と同様に企業が求める人材を想定し、志望動機や自己PRも応募企業向けに作成しましょう。

見せ方や読みやすさを意識する

　WEB履歴書では応募者が同じフォームを使用するため、見せ方にも工夫が必要です。文字量が多いと読みにくいので、見出しや箇条書きを加えて分かりやすくするなど、読み手の立場になって作成しましょう。

　また、紙の職務経歴書より情報量が多くなるため、伝えたいことにメリハリを付けるのもポイントです。紙で記載した職務経歴書の内容をそのままWEB履歴書へ流用すると、すでにフォーム上に記載されていることが重複してしまい、手抜きだと思われることもあるので注意しましょう。

POINT

- ● 特定の企業に応募する場合は、その企業向けの内容にする。
- ● スカウト機能もあるので、就きたい職種を意識して記載する。
- ● 見出しなどを付けて読みやすさを意識する。

WEB履歴書と職務経歴書の違い

WEB履歴書は求人サイトによって記載項目が異なります。WEB履歴書は、現住所や学歴を含んだ履歴書と職務経歴書を合わせたもので、紙の職務経歴書は職務経歴に特化したものだととらえることができます。

	WEB履歴書	（紙の）職務経歴書
フォーム	統一されている	原則として自由
情報量	通常職務経歴書より多い	A4　2枚程度
スカウト機能	あり	なし
記載内容	プロフィール（現住所・学歴など）・職務経歴・保有資格・自己PR・志望動機・希望条件	職務経歴・保有資格・自己PR・志望動機・希望条件

▶ADVICE

WEB履歴書による選考後、紙の職務経歴書の提出を求められたときは、以下の点に注意して作成しましょう。

・大幅な変更はしないが、A4の用紙2枚から3枚程度にまとめる
・WEB履歴書をそのままコピー・アンド・ペーストしない
・興味を持たれている点を分析し強調する
・応募企業向けの志望動機、自己PRを記載する

101

転職活動でNGなこと 3

相手の気持ちを汲み取る

　　転職の面接で、約束した時間より大幅に早く面接会場に行く人がいますが、早く行けば熱意を示せると考えてはいけません。面接官は、あらかじめ面接時間に合わせて仕事を進めています。そのため、応募者が予定より大幅に早く面接会場に来ると、仕事を中断して対応しなければなりません。

　一般的には、5分から10分前に到着するようにしましょう。初めて訪問する企業で早く着いてしまった場合は、お茶などを飲んで時間をつぶして待つくらいの配慮が必要です。

　周囲に何もなく、待つ場所がなければやむを得ませんが、その際は「初めて訪問したため早く着き過ぎてしまいました。申し訳ありませんが面接時間まで待たせてください」と謝罪をして待ちましょう。間違っても、何も告げずに当然のように「面接に来た」という態度で臨まないでください。

　ビジネスシーンに限りませんが、相手の立場になって考えてみると、やるべきことが見えてきます。

　例えば、役員面接で時間が押していて予定通り面接がスタートできないとき、採用担当者から説明があれば、ムッとした表情をせず快く了承してください。採用担当者の「待たせて申し訳ない」という気持ちを汲み取り、対応することが大事です。

　問い合わせの電話をする時間帯についても、始業や終業時間の間際を避けるなどの配慮ができるはずです。

　内定辞退も同様に、内定を受諾した人が入社間際に辞退をすれば、配属予定部署に迷惑をかけるだけでなく、新たな募集を最初から行なうことになります。面接だけでなく、面接前後の行動についても、採用担当者がどう受け取るかを考えて行動してください。相手の立場を考えて行動できる応募者は、入社後に間違いなく伸びる人材です。

第
3
章

アピール度が断然変わる
自己分析を生かした
面接回答術

面接官の視点を理解する

面接官はスキル・意欲・人物を見極めている

　転職の面接対策では、面接官の視点を理解することが重要です。意欲があり人柄が良くても、転職では短期間で戦力になれる人材でなければ、採用されるのが難しいということが多いのを理解しておきましょう。

　面接官は、自社が求めている職務能力と応募者が合致するかをまずチェックします。次に仕事への意欲を志望理由や表情、話し方を通じて見極めます。面接官は優秀な人材でも「自社にどうしても入社したい」という意欲や熱意を感じなければ、採用したいとは思いません。

組織適応力も採否のポイントになる

　転職では、新卒採用と異なり、即戦力としてすぐにさまざまな年齢やキャリアの人とかかわるので、面接官は企業の一員として良好な人間関係が構築できるかという点を、退職理由や圧迫面接から見極めています。

　短期間で会社を辞めていることや、長期のブランク期間について指摘すると、すぐに不機嫌な表情をする応募者だと、社員や外部の人間とうまくコミュニケーションが取れないのではないかと判断されるかもしれません。職務能力だけでなく、仕事への意欲や組織適応力を面接官は見極めているのです。

POINT

- ◉ 面接官は求める人材と合致する職務能力があるかを見ている。
- ◉ 面接官は仕事に対しての意欲を感じないと採用しない。
- ◉ 面接官は良好な人間関係を構築できるかを見極めている。

面接官の視点を理解する

転職の面接において「面接官がチェックしていること」を理解しておきましょう。

● 転職面接における面接官の目的

・職務経歴書や履歴書の信ぴょう性を確認する。

・書類では分からない人間性を確認する。

・入社に伴う条件面を確認する。

● 転職面接における面接官の視点

・求めるスキル、経験があるか（職務能力評価）

  ➡職務経験（学生時代含む）の説明で、強みや適性をチェック

・仕事に対する熱意があるか（ポテンシャル評価）

  ➡志望理由、表情、語調から熱意をチェック

・良好な人間関係が築けるか（人物評価）

  ➡退職理由、圧迫面接、表情、語調から組織適応力をチェック

▶ ADVICE

職務能力は、STEP3のWORKで
書き出した「発揮できる能力」と、
STEP1の4つのWORKで書き出した
「自己診断」で回答を導き出しましょう。

面接官に好印象を与える
(ノンバーバルコミュニケーション)

一緒に働きたいと思ってもらうことが大事

　転職の面接では、企業が求める職務能力や経験の有無が採否のポイントになりますが、職務能力があっても採用に至らないことがあります。仕事は一人で行なうものではなく、組織の一員として業務を遂行するものです。面接官に仲間として働きたくない人だと思われると、採用されるのは難しいかもしれません。そのため、「STEP1-1　WORK 転職パーソナリティー診断シート」（P.31参照）で診断した「素直さ」「向上心」「ストレス耐性」「協調性」「行動力」が実務能力とともに採否を決めるポイントになります。

面接官は入室から話の聴き方までチェックしている

　入室時は、「アイブロウフラッシュ（一瞬、やや目を見開くと同時に両眉を上げる動作）」という、欧米人が挨拶をするときに親交を深めたい表情を示すために行なう方法を応用すると面接官に好感を持ってもらえます。また面接官の説明は黙って聴くのではなく、相づちを打ち、興味を示しながら聴くことで説明に共感していることを伝えられます。なお緊張していると口角が下がるので、少し上げることを意識しましょう。また、面接官の目を真っすぐ見るのではなく、面接官の頭の少し上を見ながら回答すると、柔らかい表情になります。

POINT

- 素直さ、向上心、協調性を意識して回答する。
- 入室時にはアイブロウフラッシュを意識する。
- 相づちを打ちながら興味を持って面接官の説明を聴く。

好印象を与える面接のコツ

　視線や表情、しぐさなどで、言葉を使わずに意思を伝達することをノンバーバルコミュニケーションといい、第一印象に大きな影響を与えます。うまく活用することで、相手に好印象を与えることが可能です。

● 面接でのノンバーバルコミュニケーション

・入室・挨拶（好感度・意欲）

　➡一瞬、やや目を見開いて（アイブロウフラッシュ）挨拶する。
　　ゆっくり顔を上げる。

・視線（信頼度・意欲）

　➡面接官の頭の上に、もう１つ頭があるとイメージして、
　　目線はそちらに向ける。面接官の目を睨み付けないようにする。

・声のトーン・話し方（好感度・信頼度）

　➡低音は半音高くすることを意識する。早口で話さない。
　　語尾を明確に話す。

・笑顔（好感度・意欲）

　➡口角を上げて興味のある表情を意識する。

・聞き方（理解度・意欲）

　➡相づちを打ち、共感していることを示す。

応募企業で活躍する姿、目指す仕事をイメージして臨む。
（**STEP3・STEP7**）

⋙ A D V I C E

これまでの面接がうまくいかなくても、
気持ちを切り替え応募企業で活躍する姿を
イメージして面接に臨んでください。
ワクワクした気持ちが表情や語調に
表れます。

第 **3** 章　アピール度が断然変わる　自己分析を生かした面接回答術

面接の流れを理解する

採否は面接前半の定番質問でほぼ決まる

転職は、新卒採用とは違い事前に会社説明会が行なわれることは少なく、面接時の前半に会社概要や職務内容の説明とともに、「職務経験」「退職理由」「志望動機」「自己PR」といった定番質問が行なわれます。面接官は、定番質問の回答から、応募者が自社で求めている人材と合致するかを見極めます。

面接官は面接前半で採否をイメージし、中盤ではそのイメージが間違っていないか確認するために、違った切り口から質問を行ないます。そして後半では、内定を出せば本当に入社する意志があるかをチェックします。

無理やり質問をする必要はない

面接後半に「ほかに質問はありませんか」と問われた場合、面接時の説明で十分であれば無理に質問する必要はありません。ただし、回答内容にはくれぐれも注意が必要です。「ございません」と一言で終わってしまうと、面接官に入社意欲がない応募者だと判断される可能性があるので、「十分ご説明いただきましたので、特にございません。お話を聞いてますます入社意欲が高まりました」などと、説明を受けたことへの感謝と入社意欲を示すことがポイントです。

! POINT

- 面接官は定番質問の回答から採否をイメージする。
- 面接官は採否のイメージを別の質問で確認する。
- 質問について問われたら、質問がない場合でも入社意欲を示す。

一般的な面接の流れ

面接での質問の流れを理解しておくと、受け答えが格段にスムーズになります。

❶面接前半（10分間程度）

・会社説明、職務内容の説明（後半に行なわれることもある）

・これまでの職務経験の説明、退職（転職）理由、志望動機、
　自己PRといった定番質問

❷面接中盤（10〜20分間程度）

・定番質問で気になった点の質問

　例　・職務経験をどのように生かせるか

　　　・本当に退職できるか　　・入社時期について

　　　・将来のビジョン　　　　・労働条件

　　　・待遇面の確認　　　　　など

❸面接後半（10分間程度）

・応募者からの質疑応答

・転職に当たっての問題点や懸念点がないかの確認

・面接後の流れについての説明

▶ADVICE

定番質問が行なわれる面接前半10分間で
求める人材と合致する実務能力をアピールし、
面接後半で応募企業への入社意欲を
アピールすることがポイントです。

言葉のキャッチボールを意識する

丸暗記した回答は棒読みになる

転職面接は、集団面接ではなく個別に行なわれることがほとんどです。あらかじめ自己PRや志望動機などの定番質問の回答を考えておくことは大切ですが、回答を丸暗記すると棒読みになり熱意が伝わりません。

また、丸暗記した回答は一瞬ですべて忘れてしまうことがあるので、丸暗記ではなくキーワードで整理することをお勧めします。面接はうまく話せないから採用されないのではなく、伝えたいことが伝わらないため採用に至らないケースが多いのです。

興味を持たれるキーワードを投げかける

面接では応募者がキーワードを投げかけることで、面接官に興味を持ってもらうことが大事です。面接官がもっと詳しく聞きたいと思い、新たな質問を行なうという会話のキャッチボールが生まれることが理想です。そのためには、1つの質問に対しての回答は、30秒から1分程度でとどめて、長々と回答しないように意識しましょう。

面接官が応募者の話をもっと聞きたいと思い、定番質問以外の言葉のやりとりが生まれることで、採用獲得はぐっと近づくのです。

POINT

- 定番質問は丸暗記ではなくキーワードで覚える。
- 面接官がもっと回答を聞きたいと思う状況を想定する。
- 1つの質問への回答は長々とせず、30秒から1分程度にとどめて会話のキャッチボールにつなげる。

面接官の心をつかむ面接攻略術

必ず聞かれる定番質問は、キーワードを書き出して整理しておくとうまく話せます。
また、興味を持ってもらえるキーワードとしても使えるので、書き出してみましょう。

面接官が興味を持つキーワード

該当するものがあれば、(　　　　　　　　　)に記載してください。

● 職務経験の回答

・応募職種と関連する成功事例 （　　　　　　　　　）

・発揮できる能力を裏付ける経験事例 （　　　　　　　　　）

・失敗経験とそこから得た教訓 （　　　　　　　　　）

● 自己PR

・応募企業で発揮できる能力 （　　　　　　　　　）

・能力を裏付ける経験事例 （　　　　　　　　　）

・他人からの具体的な評価 （　　　　　　　　　）

・仕事における具体的なビジョン （　　　　　　　　　）

● 志望動機

・応募企業でやりたいこと、できること （　　　　　　　　　）

・応募企業に共感していること （　　　　　　　　　）

・応募企業だからこそ入社したい理由 （　　　　　　　　　）

第3章 アピール度が断然変わる 自己分析を生かした面接回答術

ADVICE

面接では言葉のキャッチボールが大切です。
面接官がもっと話を聞きたいと思って、
新たな質問を繰り返す状況をつくりましょう。
面接官が回答に興味を持たない場合は、
次のキーワードを投げかけましょう。

職務経歴の回答ポイント

職務経歴書の経歴要約を基に回答する

　これまでの職務経験を説明するときのポイントは、職務経歴書で作成した経歴要約を基に回答することです。経歴要約は「STEP3-1　WORK 発揮できる能力シート」（P.45参照）を基に作成しましたが、面接の職務経歴の回答でも同様の手順で生かせる経験を強調しましょう。

　面接官は、職務経験の回答から応募者が自社で求めている人材と合致するか、さらにこれまでの職務経験を生かして自社で何ができるかという点を見極めています。そのことを意識して回答してください。

長々と回答すると興味を持たれない

　これまでの仕事を時系列で説明すると、どうしても関連しない職務経験まで説明することになります。しかし、面接官は関連しない職務経歴については、それほど興味を示しません。職務経歴の回答時間は、これまでの経験により異なるものの、長くても1分程度に収めたいものです。

　また、職務経歴書の経歴要約がアピールポイントであれば、「職務経歴書にも記載いたしましたが……」と言葉を添えることで、同様の内容でも面接官に違和感を与えません。

POINT

- 職務経歴書の経歴要約を基に回答する。
- 面接官は、転職者の回答から自社で生かせる経験かどうかを見極めている。
- 長くても1分程度にまとめて回答する。

WORK

職務経歴回答シート

「**STEP3-1　WORK 発揮できる能力シート**」（P.45参照）を基に下記のシートを書き込んでみましょう。

●応募企業で発揮できる能力

　裏付けとなる経験

●応募企業で発揮できる能力

　裏付けとなる経験

●応募企業で発揮できる能力

　裏付けとなる経験

⬇

●上記の能力を盛り込んだ職務経験を回答する。

営業事務職（経験者）

● 応募企業で発揮できる能力

旅費精算・小口精算業務

［裏付けとなる経験］
営業担当が仕事に集中できるよう、精算業務を迅速に行なった。

● 応募企業で発揮できる能力

電話応対、接客応対

［裏付けとなる経験］
的確な応対について顧客から褒められた。

● 応募企業で発揮できる能力

販促物の制作

［裏付けとなる経験］
PCスキルを生かした効果的な販促物の制作経験。

　短大卒業後、○○株式会社において、3年間営業事務職に携わりました。営業担当者が営業に集中できるようにすることを常に心がけて仕事をして参りました。営業担当者が不在のときも的確な電話応対を行ない、お客様からお褒めの言葉をいただきました。また、イベント運営では販促パンフレットをPCで作成し大変好評をいただき、上司からも評価されました。これまでの経験を生かして、御社においても営業事務職として営業担当者が気持ちよく仕事ができるようフォローしていきたいと考えています。

応募企業で発揮できる能力がきちんと盛り込まれた職務経歴の回答です。

営業事務職（販売職⇒営業事務）

● 応募企業で汎用できる能力

販売職としての接客経験

［裏付けとなる経験］
お客様にご満足いただける接客を常に心がけてきた。

● 応募企業で汎用できる能力

PCスキル

［裏付けとなる経験］
店舗における販促物や売上報告書の作成のために資格取得。

● 応募企業で汎用できる能力

休日を利用したボランティア活動

［裏付けとなる経験］
仲間をフォローすることにやりがいや適性を感じる。

　大学卒業後、○○株式会社に入社し、○○店において雑貨販売に2年間従事しています。店舗では、来店されたお客様の対応だけでなく、電話によるお問い合わせも多く、一つ一つ丁寧に対応することを心がけています。また、事務作業として販促物の作成や売上報告書の作成をパソコンで行なうので、そのスキルを高めるために資格を取得したことがきっかけで営業事務職に就きたいと考えるようになりました。また、仕事以外では休日にNPO法人を通じてボランティア活動を行なっています。

未経験の職種で生かせるスキルが盛り込まれており、好感が持てます。

営業職（経験者）

● 応募企業で発揮できる能力

酒類の店舗営業経験

［裏付けとなる経験］
店舗担当者とのコミュニケーションを密に取り、前年対比105％を計上。

● 応募企業で発揮できる能力

顧客のニーズをいち早くつかむことができる

［裏付けとなる経験］
店舗での地道なコーナーづくりからトレンドや顧客のニーズをキャッチする。

● 応募企業で発揮できる能力

新規開拓経験

［裏付けとなる経験］
新規取引店舗の開拓に努め、新規開拓実績前年対比130％を達成。

　大学卒業後○○株式会社に就職し、5年間ビールの営業を行なってきました。売上目標も毎年クリアしてきましたが、特に力を入れてきたのが、店舗の方と実施する売場づくりです。売場をつくるだけでなく店頭に立たせていただき、お客様から生の声を聴くことが営業に生かされています。また、何度も新規店舗に足を運び売上向上の企画を提案することで、新たな取引先を構築し、昨年度は前年対比130％、部内で1位になり表彰されました。

営業職としての実績が盛り込まれており、活躍するイメージがわく内容です。

大学職員（人材コーディネーター⇒大学職員）

● 応募企業で汎用できる能力

大学職員の人材派遣経験

［裏付けとなる経験］
派遣業務を通じて、大学職員の職務内容について詳細な理解ができている。

● 応募企業で汎用できる能力

英語、中国語の語学力

［裏付けとなる経験］
大学時代のイギリス・中国への短期留学経験。

● 応募企業で汎用できる能力

PCスキル

［裏付けとなる経験］
派遣業務で経験したPCでの事務処理能力。

　大学卒業後、人材派遣会社に就職し6年間コーディネーターの仕事に携わってきました。大手企業や大学向けの派遣業務を中心に行なってきましたが、外国人労働者の派遣業務では、留学で培った中国語、英語力を生かせています。昨年度から係長として後輩社員の育成にも努めています。また派遣業務に伴う事務処理をPCで行なっていますので、それも全く問題なく使用できます。

関連する経験を盛り込み、短期間で戦力になる人材であることをイメージさせる内容です。

退職理由の回答ポイント

退職理由は応募企業で実現したいことに転換する

退職理由について、長々と説明すると言い訳に聞こえることがあるし、会社批判などをすることは事実であっても面接官はあまり好感を持ちません。自己都合による退職であれば、「嫌だから退職した」という気持ちをやりたいことに転換し、それが応募企業でなら実現できるというストーリーを考えて臨みましょう。具体的には「STEP7 WORK キャリアビジョンシート」（P.67参照）を基にすれば、転職目的をやりたいことに転換することが可能です。嫌な上司や労働環境の問題は、とらえ方で変わるので、それをきっかけにやりたいことを考えればよいのです。

会社都合の退職も前向きな姿勢を示す

倒産や事業縮小など会社都合の理由で退職した場合は、簡潔に事情を説明したうえで、そのことをきっかけにやりたいこと、できることを考えて応募に至ったという説明をしましょう。

短期間で退職した場合は、簡潔に理由を説明する必要がありますが、くれぐれも会社批判にならないよう注意してください。退職理由は、さらっと説明する程度にとどめて、応募企業で発揮できる能力などをアピールする状況につなげることが望ましいでしょう。

POINT

- 嫌だという気持ちをやりたいことに転換する。
- 会社都合の退職理由も前向きに回答する。
- 時間をかけず、さらっと回答する。

退職理由の回答ポイント

「**STEP7　WORK キャリアビジョンシート**」（P.67参照）を基に退職理由を考えてみましょう。

● 転職目的

_____

_____

_____ がしたいから転職を決断しました。

● 退職（転職）理由
前職（現職）の経験を生かして今後 _____

_____

_____ に携わり、

成果を上げていきたいと考え退職いたしました。

（転職を決断しました。）

＊在職中であれば、次のような記載方法もあります。
● 転職（在職中）理由

_____

_____

_____ に就きたいと考えていましたところ、

御社の求人を拝見し、まさにやりたいことだと考え、転職を

決断しました。

同業界・同職種への転職（営業職）

　これまで新築マンションの営業に携わってきましたが、マンションに限らず注文住宅や建売住宅などの戸建住宅を含めた住宅全般の営業にチャレンジしたいと考え退職しました。

前職では実現できず、応募企業でなら実現できることを伝えています。

異業種への転職

　これまで店舗のエリアマネジャーを経験してきた中で、人材の重要性を認識し、人事の仕事に携わりたいと考えていましたところ、御社の未経験でも可能な求人を拝見し、チャレンジしたいと考え転職を決意しました。

応募企業の求人を読んで転職を決断したという理由も有効です。

雇用形態の転換

　これまでコンビニエンスストアで店舗運営に携わってきましたが、アルバイトという雇用形態のため仕事に制約がありました。接客や販売に適性とやりがいを感じており、正社員として貢献していきたいと考え退職しました。

前職の経験を生かして戦力になりたいという意志を感じます。

会社の倒産

　12年間勤務しました会社が力及ばず倒産してしまい、改めて今後やるべきことを考えて転職活動を行なっていましたところ、御社の求人を拝見しました。建築業界の経験を生かし、頑張りたいと考えています。

意志に反する退職でも、気持ちを切り替えている点でやる気が感じられます。

短期間で退職

　入社前に提示されました待遇と異なり、短期間ですが退職しました。私自身もきちんと確認しなかったことを反省しております。このことをきっかけにこれまで以上に仕事に打ち込んでいきたいと考えています。

会社批判をせず、自分の落ち度も認めている謙虚さに好感が持てます。

自己啓発のための退職

　前職在職中にシステムエンジニアの方とお仕事をさせていただくことがあり、1年間勉強してシステムエンジニアになろうと考え、退職しました。退職後○○スクールでプログラミングを学び、○○の資格を取得しました。

スキルを高めたことを応募企業で生かせるので、納得できる退職理由です。

志望動機の回答ポイント

発揮できる能力と応募企業の魅力を回答する

　志望動機は、ほぼ間違いなく面接で聞かれる質問です。職務経歴書に記載した内容と同様に「STEP3　WORK 発揮・汎用できる能力シート」（P.45・51参照）と「STEP7　WORK キャリアビジョンシート」（P.67参照）に記載した内容を盛り込み、さらに応募企業だからこそ入社したい理由を説明しましょう。やりたいことだけのアピールでは、面接官は「ほかの企業でも実現できるのでは？」と考えるし、入社したいという意欲だけでは、面接官は応募者に魅力を感じません。能力、実現したいこと、応募企業に入社したい理由などを盛り込んで志望動機を回答しましょう。

第一志望であるという姿勢で臨む

　人材紹介会社から紹介を受けて応募する場合、「紹介を受けたから志望した」という受身の姿勢で臨む人がいます。しかし、応募するからには、直接応募、紹介会社経由の応募のどちらも変わりなく、応募企業へ入社したい意欲を示す必要があります。

　また、面接した企業が第一志望ではなく、他社の結果を見て検討するという姿勢では採用されにくくなります。第一志望の企業でなくても、応募するからには第一志望であるという姿勢で臨むことが大切です。

POINT

- ● 志望動機を回答するときは、発揮できる能力を示す。
- ● 応募企業だからこその入社したい理由を回答する。
- ● 第一志望でなくても第一志望であるという姿勢で臨む。

WORK

志望動機の回答ポイント

「**STEP3　WORK　発揮・汎用できる能力シート**」（P.45・51参照）と「**STEP7 WORK　キャリアビジョンシート**」（P.67参照）を基に、面接での志望動機を考えて みましょう。

● STEP3　WORK 発揮・汎用できる能力

_____

_____

_____

● STEP7　WORK キャリアビジョン

_____

_____

_____

● 応募企業に入社したい理由

_____

_____

_____

上記3点を盛り込み志望動機を回答する。

【志望動機】

_____

_____

_____

_____

_____

経理職（未経験）

● STEP3-2　WORK 汎用できる能力
簿記2級の資格、前職の事務スキル。

● STEP7　WORK キャリアビジョン
経理のスペシャリストとして貢献。

● 応募企業に入社したい理由
愛用している健康食品を販売している、未経験可の求人。

【志望動機】

　前職では一般事務職として勤務してきましたが、専門職としての能力を身につけたいと考え、簿記2級の資格を取得しました。そして、経理職に就きたいと考えていましたところ、長年愛用している健康食品を販売している御社が、未経験でも応募可能の求人募集をされており、御社でこれまでの事務経験を生かし、経理職として頑張りたいと思い、志望いたしました。

前職在職中に資格を取得しており、未経験の職種へ就きたい意欲を感じます。

● STEP3-1　WORK 発揮できる能力

東南アジアやヨーロッパ市場など、海外市場を熟知している。

● STEP7　WORK キャリアビジョン

中国を中心とした海外マーケット知識の強化。

● 応募企業に入社したい理由

ベンチャー企業としてのフットワークの軽さ、商材への興味。

【志望動機】

　これまでヨーロッパと東南アジアを中心に婦人服の販路を開拓し実績を伸ばしてきましたが、今後の中国市場の拡大に魅力を感じていましたところ、御社の求人を拝見し、私の経験が生かせるのではと考え、応募いたしました。御社のベンチャー企業としての躍進力とともに、商材を大切にする経営方針に大変共感しています。

これまでの経験、今後やりたいこと、応募企業だから入社したい理由が述べられています。

● STEP3-1　WORK 発揮できる能力

湾岸土木の経験、2級施工管理技士。

● STEP7　WORK キャリアビジョン

道路や橋梁など、大きな建造物の仕事に携わりたい。

● 応募企業に入社したい理由

大手グループ企業ならではの安定、大きなプロジェクトに参画できること。

⬇

【志望動機】

　土木施工管理として湾岸土木に3年間携わり、2級施工管理技士の資格を取得しました。今後は幅広く道路や橋梁の仕事に携わりたいと考え転職を考えていましたところ、御社の求人を拝見しました。御社は大手建設会社のグループ企業であり、大きなプロジェクトに参画できることに大変魅力を感じています。

転職理由に関連させたうえで、応募企業だからこそ入社したいという意欲が感じられます。

|編集職|

● STEP3-1　WORK 発揮できる能力

自己啓発本を中心に50冊以上の書籍編集経験。

● STEP7　WORK キャリアビジョン

ビジネス書の編集に携わりたい。

● 応募企業に入社したい理由

総合出版社として幅広いジャンルに精通していること。

【志望動機】

　5年間に渡り自己啓発本を中心に50冊の編集業務を行なってきました。4年前に発刊しました○○○○は、累計10万部を販売し、自己啓発本としてロングセラーになっています。今後はこれまでの編集経験を生かして幅広いジャンル、特にビジネス書の編集を行ないたいと考えていましたところ、御社の求人を拝見しました。御社が、総合出版社として幅広いジャンルに精通していることに魅力を感じています。

これまでの実績が簡潔にまとめられており、やりたいことが伝わりやすいです。

自己PRの回答ポイント

実務面のアピールを行なう

　転職の面接における自己PRの回答は、実務面に関連したアピールを行ない、応募企業で活躍する人材であることを面接官にイメージさせることが大切です。これまでの経験を踏まえて、具体的な内容をアピールするため「STEP1-4　WORK　転職力診断シート」（P.39参照）と「STEP3　WORK 発揮・汎用できる能力シート」（P.45・51参照）を参考にして回答しましょう。なお、長々と回答すると何を伝えたいのか分からなくなることがあるので、最初に結論を述べて、次に結論を裏付ける経験を語るとよいでしょう。

発揮できる能力をベースに複数回答する

　「STEP1-4　WORK 転職力診断シート」の内容を回答しても問題ありませんが、やや抽象的になるようであれば、「STEP3　WORK 発揮・汎用できる能力シート」（P.45・51参照）の内容を1つずつ回答しましょう。面接官は、この回答から応募者が自社でどのような能力を発揮できるのかを知りたいと考えているので、WORKに記載したことを述べるのは有効です。職務経歴書と内容が重複している場合、「職務経歴書にも記載させていただきましたが……」と述べると面接官に違和感を抱かれません。

POINT

- ◉ 実務面に即したアピールを行なう。
- ◉ 経験を盛り込むことで具体的な回答になる。
- ◉ 結論を先に述べたうえで経験を語る。

WORK

自己PRの回答ポイントを知る

「**STEP1-4　WORK 転職力診断シート**」（P.39参照）と「**STEP3　WORK 発揮・汎用できる能力シート**」（P.45・51参照）を基に、自己PRの回答を書き出してみましょう。

● 「STEP1-4　WORK 転職力診断シート」のP.40を引用

私は ＿＿＿＿＿＿＿＿＿＿＿＿＿＿＿＿＿ に優れています。

前職では ＿＿＿＿＿＿＿＿＿＿＿＿＿＿＿＿＿

＿＿＿＿＿＿＿＿＿＿＿＿＿＿＿ といった経験をしました。

● 「STEP3　WORK 発揮・汎用できる能力シート」を引用

応募企業で発揮できる能力 1

＿＿＿＿＿＿＿＿＿＿＿＿＿＿＿＿＿＿＿＿＿＿＿

具体的な経験

＿＿＿＿＿＿＿＿＿＿＿＿＿＿＿＿＿＿＿＿＿＿＿

応募企業で発揮できる能力 2

＿＿＿＿＿＿＿＿＿＿＿＿＿＿＿＿＿＿＿＿＿＿＿

具体的な経験

＿＿＿＿＿＿＿＿＿＿＿＿＿＿＿＿＿＿＿＿＿＿＿

応募企業で発揮できる能力 3

＿＿＿＿＿＿＿＿＿＿＿＿＿＿＿＿＿＿＿＿＿＿＿

具体的な経験

＿＿＿＿＿＿＿＿＿＿＿＿＿＿＿＿＿＿＿＿＿＿＿

＿＿＿＿＿ 職として御社で発揮できる能力は次の3点です。

まず第一に ＿＿＿＿＿＿＿＿＿＿＿＿＿＿＿ です。

次に ＿＿＿＿＿＿＿＿＿＿＿＿＿＿＿＿＿＿＿

そして ＿＿＿＿＿＿＿＿＿＿＿＿＿＿＿ として

貢献できると考えています。

自己PRの回答例

営業職

（STEP1-4　WORK 転職力診断シートを引用）

　私は、目標達成能力に優れています。

　前職では3年間売上目標を達成してきました。現状に満足せず、常に向上心と危機意識を持って取り組んできた成果だと考えています。

STEP1-4の転職力診断シートの結果を結論として最初に述べています。

営業職

（STEP3-1　WORK 発揮できる能力シートを引用）

● **応募企業で発揮できる能力1**　ニーズを引き出し、顧客に満足を提供できる能力

　　　　　具体的な経験　お客様とのコミュニケーションから要望を汲み取る。

● **応募企業で発揮できる能力2**　売上目標を達成する能力

　　　　　具体的な経験　3年間、売上目標を達成。売上目標だけでなく、
　　　　　　　　　　　　社内での営業成績も常に3位以内に入る。

● **応募企業で発揮できる能力3**　豊富な営業経験

　　　　　具体的な経験　4年間の法人営業、3年間の個人向けの
　　　　　　　　　　　　営業経験がある。

　私の営業職としての強みは、法人営業、個人営業を問わず、売上目標を達成できることです。特に前職退職前の3年間は目標達成率を10％以上上回る成果を上げました。顧客とのコミュニケーションから、求めている要望を引き出し、満足のいくサービスを提供できたと考えております。

3つの発揮できる能力を盛り込み営業力をアピールしています。

総務職

（STEP1-4　WORK 転職力診断シートを引用）

　私は、目標達成能力・遂行能力に優れています。総務職として社内経費を15%削減する目標が与えられましたが、部門間で協議を重ね管理体制を見直すことで実現することができました。現状に満足せず常に問題意識を持ち、目標が達成できるよう遂行して参ります。

STEP1-4の転職力診断シートの結果を結論として最初に述べています。

総務職

（STEP3-1　WORK 発揮できる能力シートを引用）

● **応募企業で発揮できる能力 1**　経費削減などコスト管理能力

　　　　　具体的な経験　支店を含めた車両管理を行ない経費を15%削減した。

● **応募企業で発揮できる能力 2**　労働効率を上げるための労働環境改善

　　　　　具体的な経験　職場のレイアウトの見直しを行ない、部署間の風通しが良くなった。

● **応募企業で発揮できる能力 3**　株主総会の事務局など経営サポート

　　　　　具体的な経験　株主総会の事務業務を円滑に行なった。

　総務職として発揮できる能力が3点あります。第一に経費の削減で成果を上げることができます。これまで8年間総務として携わり、車両、備品管理を一元化することで経費を年間15%削減することができました。2番目に社員が働きやすい労働環境を構築できます。社内のレイアウトを改善することで、部署間のコミュニケーションが良くなり、迅速に問題改善に取り組める環境が整いました。3番目に株主総会の事務局としての経験は、御社におきましても生かせると思います。経費削減、労働環境の構築、株主総会の事務業務などでは、短期間で戦力として貢献できると確信しています。

総務職でも経費削減などを数値で表せることはアピール材料になります。応募企業が求める総務像をイメージして回答してください。

営業事務職（未経験）

（STEP3-2　WORK 汎用できる能力シートを引用）

● 応募企業で汎用できる能力 1　前職の営業経験

　　　　　具体的な理由　営業経験から求められていることを把握し対応できる。

● 応募企業で汎用できる能力 2　PCスキル

　　　　　具体的な理由　前職でも売上報告書や販促ツールを作成している。

● 応募企業で汎用できる能力 3　後方部門としてバックアップ

　　　　　具体的な理由　大学時代の水泳部マネジャーとしての経験を生かせる。

⬇

　前職では営業を経験しましたので、営業担当者が求める情報や事務処理などに対して的確に対応できます。また前職でも報告書の作成、販促ツールなどをPCで作成していましたので、営業事務職としても問題なく使用できます。さらに大学時代水泳部でマネジャー経験がありますので、後方部門としての役割を認識して行動できます。

未経験であっても、関連する職務から短期間で戦力になれる人材だとアピールできています。

大学職員（未経験）

（STEP3-2　WORK 汎用できる能力シートを引用）

● 応募企業で汎用できる能力 1　前職の総務・経理経験

　　　　　具体的な理由　簿記2級を所持。事務職として能力を発揮できる。

● 応募企業で汎用できる能力 2　留学経験

　　　　　具体的な理由　カナダに留学経験があり、語学力を生かして学生のフォローができる。

● 応募企業で汎用できる能力 3　採用経験

　　　　　具体的な理由　前職では総務として採用に携わり、学生募集の企画運営を行なった。

　自己PRとして3点ございます。第一に前職の総務での、経理事務職の経験を生かせます。第二に、大学時代に2年間カナダに留学した経験がありますので、語学力を生かした留学生のサポートが可能です。第三に、総務として採用経験がありますので、貴校の学生募集などでもその経験が生かせるものと考えています。大学職員として必要な事務スキル、語学スキル、採用経験を生かして、学生が学校生活を有意義に過ごせるようになるためのサポートで貢献します。

大学職員ではどのような職員を求めているか、募集要項から見極めたうえで戦力になる人材であることをアピールしてください。

人事職

（STEP3-1　WORK 発揮できる能力シートを引用）

- ●応募企業で発揮できる能力1　人事業務全般に精通していること
  - 具体的な経験　労務管理、社会保険、採用業務に携わった。
- ●応募企業で発揮できる能力2　同業界での経験（即戦力）
  - 具体的な経験　建築業界の人事経験が生かせる。
- ●応募企業で発揮できる能力3　管理職として部下を育成した経験
  - 具体的な経験　新人3名を育成した。

　人事職として3点ございます。第一に労務管理、採用業務、給与計算などの人事業務全般に精通しており、短期間で戦力になれます。次に建築業界の経験があり、業界に即した人事体制を構築できます。最後に前職では課長職として部下の育成を行なって参りましたので、御社においても管理職として貢献できると考えています。

3点あると最初に伝えることで、面接官が回答内容を把握しやすくなります。

人事職（未経験）

（STEP3-2　WORK 汎用できる能力シートを引用）

- ●応募企業で汎用できる能力1　派遣会社の営業経験
  - 具体的な理由　企業、求職者両方の面談を通じて的確な募集を行なった。
- ●応募企業で汎用できる能力2　労働基準法の知識
  - 具体的な理由　自己啓発で労働基準法を勉強している。
- ●応募企業で汎用できる能力3　諦めない行動力
  - 具体的な理由　営業職として培った行動力を生かせる。

　派遣会社の営業経験から、求職者、企業の現状を把握しており採用業務に生かせます。現在労働基準法について勉強しており、短期間で戦力になれると考えています。また営業職として多くの人とかかわっていますので、人事としても社員の皆さまの気持ちを汲み取り、働きやすい環境を構築するために積極的に行動します。

自己啓発していることも含めて短期間で戦力になる人材だとアピールしてください。応募企業と同様の業界経験があればアピール材料になります。

編集職

（STEP3-1　WORK 発揮できる能力シートを引用）

● **応募企業で発揮できる能力1**　雑誌から自己啓発本まで幅広い編集経験

　　　　　　具体的な経験　前々職で雑誌（女性誌）、前職で自己啓発本の編集に携わる。

● **応募企業で発揮できる能力2**　売れる書籍を発刊できる能力

　　　　　　具体的な経験　前職で発刊した「○○○」は、
　　　　　　　　　　　　　自己啓発本では異例の累計10万部のヒットとなった。

● **応募企業で発揮できる能力3**　WEB媒体の編集経験

　　　　　　具体的な経験　前職では紙媒体とWEB媒体両方を経験している。

⬇

　編集職として3点あります。第一に雑誌から書籍まで幅広いジャンルにおいて編集経験があります。次に企画から携わり、売れる書籍を発刊できます。女性誌ではアンケートから半歩先のトレンドを読み取り、特集を組んで売上を伸ばしました。前職の自己啓発本「○○○」では、社内では売れないと予測する人もいましたが、実践力のある書籍をテーマにSNSを使った広告戦略も功を奏し、10万部の売上につながりました。さらに紙媒体だけでなく、WEB編集経験もありますので、短期間で戦力となり貢献できると確信しています。

応募企業が編集力、販売力、企画力などで何を重視しているのか見極めてアピール方法を検討します。

編集職（未経験）

（STEP1-4　WORK 転職力診断シートを引用）

　私は情報収集能力に優れており、この経験を御社の編集職として生かすことができます。前職ではアパレル業界のマーケティングリサーチを行なっており、トレンドを予測した販売戦略を構築してきました。何が売れるかと仮説を立てて、それを現実にしていくための戦略を講じてきました。この経験は、御社の雑誌編集においても十分生かせると考えております。読者のニーズを汲み取った企画を打ち出し編集を行ない、売上に貢献するものと確信しています。

未経験の編集者に何を求めているのか分析したうえでアピールポイントを考えます。

研究職

（STEP3-1　WORK 発揮できる能力シートを引用）

● 応募企業で発揮できる能力 1　医薬品質検査経験

具体的な経験　大手製薬会社で医療系医薬品の品質検査・分析業務を行なった。

● 応募企業で発揮できる能力 2　化学分野に精通した薬剤業務

具体的な経験　大学で化学を専攻、大学院で薬学を専攻した。

● 応募企業で発揮できる能力 3　仕事に対する向上心

具体的な経験　分析・臨床開発研修（20○○年）を受講した。

　大学院で薬学を専攻し、製薬会社では医療系医薬品の品質検査・分析業務経験がありますので、短期間で戦力になれると確信しています。特に新薬の品質検査においては、正確かつ慎重な業務遂行に努めました。現状に満足せず、常に探求心を持って仕事に取り組んでいます。分析・臨床開発研修を20○○年に受講していますので、この分野でも貢献できると考えます。

発揮できる能力が整理されていることで、インパクトのある回答ができます。

セールスエンジニア職（未経験）

（STEP3-2　WORK 汎用できる能力シートを引用）

● 応募企業で汎用できる能力 1　専門学校で学んだプログラム言語

具体的な理由　Java、VB.NETでのシステム開発を身につけた。

● 応募企業で汎用できる能力 2　円滑なコミュニケーション能力

具体的な理由　前職の営業職としての経験がある。

● 応募企業で汎用できる能力 3　アイデアを形にする能力

具体的な理由　学生時代にゲームソフトを開発した。

　専門学校で学んだJava、VB.NETでのシステム開発経験を生かせると考えています。また前職の営業経験から粘り強く交渉するコミュニケーション能力があります。未経験ですが、学生時代にゲームソフトを開発したことがあります。アイデアを形にしていくことが好きなため、短期間で技術を習得し貢献できる人材になりたいと考えます。

学生時代を含めた具体的なスキルを伝えることで、未経験でも職務能力をアピールできます。

定番質問以外の回答ポイント

採用担当者の視点で質問の意図を考える

　職務経験、志望動機、自己PRといった質問でも、切り口を変えて質問されることがあります。例えば、いきなり「自己紹介をしてください」と言われれば、名前を名乗るだけではなく簡潔に職務経験に触れた挨拶が求められています。また、志望動機ではなく、同業他社との違いを問われることもあります。切り口を変えた質問の意図は、応募者にあらかじめ用意してきた回答ではなく、自分の言葉による回答を求めているのです。

　なお、「今日は、あいにくの雨ですね」と面接に関係ない言葉を投げかけられたときは、応募者のコミュニケーション能力をチェックしています。

採否の裏付けを取るための質問

　面接官は前半の定番質問で採否についてほぼ決めますが、その決定が正しいかどうかを裏付けるために定番質問以外の質問を繰り返します。例えば「本日面接を受けられてどのように感じましたか？」という問いは、内定を出せば入社する応募者かどうかを見極めています。そのため、「面接で好感を持ち、より入社意欲が高まりました」と回答すべきです。また他社への応募状況について問われたときは、「他社も応募していますが、御社が第一志望です」と伝える必要があります。

POINT

- ● 定番質問は切り口を変えて質問されることがある。
- ● 質問にはすべて意図があると認識する。
- ● 面接後半では採否の裏付けを取る質問が行なわれる。

WORK 切り口を変えた定番質問

切り口を変えた定番質問に慌てないために、下記に書き込み、スムーズに話せるように何度も練習しておきましょう。

CASE 1 自己紹介

「これまでの仕事と関連させて自己紹介をしてください」

【回答】

_____

_____

_____

_____

回答例

　田中太郎と申します。大学卒業後○○株式会社に就職し、建設機械の営業職として6年間勤務して参りました。現場第一主義をモットーに営業を展開し、売上向上に努めて参りました。本日はよろしくお願いいたします。

最初に名前を名乗り、現職や前職の仕事を説明しましょう。長々と回答せず、面接官にもっと聞きたいと思わせましょう。

CASE 2 他社との比較

「同業他社○○と比較して何が違うと思いますか？」

【回答】

_____

_____

_____

回答例

　同業他社の○○は、幅広い年代に合わせた商品開発を行なっていると思います。そのため価格は安いのですが、商品の満足度からするとやや問題を感じます。御社は、ターゲットを明確にしたうえで、よりお客様に満足していただける商品開発によって、売上を伸ばしていると思います。

同業他社の批判は極力避け、応募企業の特徴を打ち出した回答を行ないます。

CASE 3 キャリアプラン

「今後のキャリアプランをお話しください」

↓

【回答】

回答例

　経理職として1日も早く戦力になれるよう頑張ります。また将来は、経理面だけではなく、銀行との交渉を含めた財務業務にも携わりたいと考えています。経理職としての実績を積み上げて、経理部門の管理職として、経営企画にも携われることができるよう頑張ります。

STEP7（P.67参照）を引用し、応募企業で実現できる可能性があるプランを述べましょう。

CASE 4 ストレス解消

「ストレスはどのように解消しますか？」

↓

【回答】

回答例

　休日にスポーツジムで汗を流してリフレッシュしています。また友人と食事に行き、お酒と少し贅沢な食事を取るのもストレス解消になっています。

自分なりのストレス解消方法があり、ストレスをあまりためない性格であることを伝えましょう。

「上司と意見が食い違ったときどうしますか」

【回答】

回答例

　まず上司の意見をきちんと聞いたうえで、自分の意見を述べます。コミュニケーションを取ることで上司の考えを理解できることもあると思います。会社を良くするというベクトルが同じであれば、最終的には上司の意見に従い行動します。

正解はありませんが、会社を良くしていく、という軸がぶれない回答をしてください。

「仕事で失敗した経験がありますか？」

【回答】

回答例

　はい。前職で納品先の支店を誤ってしまい、お客様に商品が届くのが遅れたことがありました。
　この失敗から、慣れに任せず、チェックを怠らず業務を行なうように心がけており、ミスを防げるようになりました。

面接官の記憶に残るような大きな失敗は控え、失敗から得た教訓までを回答します。

CASE 7 入社できなかったら

「当社に入社できなかったときはどうしますか?」

【回答】

___

___

___

回答例

　御社が第一志望ですので、あまり考えたくありませんが、マーチャンダイズ職に就きたいので、同業他社様への転職を考えます。

___

___

根拠もなく何度も応募するという
回答は問題があるので、同業他
社を検討すると回答しましょう。

CASE 8 想定外の出来事

「100万円の臨時収入があったらどうしますか?」

【回答】

___

___

___

回答例

　自己啓発費として自分に投資します。以前から語学力を高めたいと考えていましたので、短期留学ができればうれしいです。また両親に感謝の気持ちを込めて、旅行をプレゼントしたいと思います。

商品の購入だけでなく、自分を
磨くために投資するという回答
を盛り込むと効果があります。

CASE 9 家族の理解

「お仕事についてご主人はどのようにおっしゃっていますか？」

【回答】

> 回答例
>
> 　仕事が私のライフワークであることを理解してくれていますので、主人も家事の分担など、全面的に応援してくれています。

もし子供の問題も併せて聞かれたら、夫の両親や周囲の協力などの体制があることを伝えましょう。

CASE 10 通勤時間

「通勤時間がかかりますね」

【回答】

> 回答例
>
> 　以前も○○で通勤していましたので、全く問題ありません。業務に支障になるようでしたら、転居を含めて対処したいと思います。

通勤交通費の問題もあるので、「可能ならば状況に応じて転居する」と回答すると効果があります。

圧迫面接の回答ポイント

採用したいからこその厳しい指摘ととらえる

　転職の面接では、圧迫面接として、転職回数や短期間で辞めていることなどを厳しく指摘される場合があります。

　あまりにも理不尽な指摘であれば、入社を見送るか検討すべきですが、面接官は採用したいからこそ本当に大丈夫かと考え、厳しい指摘や質問をしていると考えてください。

　圧迫面接にムキになり、表情が変わると良い印象を与えません。「これが圧迫面接か」ととらえるくらいの余裕を持って対応しましょう。

原則はYes・Butで回答する

　厳しい指摘にいきなり反論してしまうと、面接の場の雰囲気が悪くなることがあります。そのため、原則として「確かにおっしゃる通りですが、○○でした」と、面接官の指摘や質問を肯定したうえで、「Yes・But」の回答で自分の考えを述べるといいでしょう。状況によっては、「Yes・Yes」の回答、つまり「確かにその通りです。今後は○○します」と全面的に肯定してしまう回答でも構いません。面接官は回答内容だけでなく、回答するときの表情や語調などをチェックしているので注意してください。

POINT

● 面接官の指摘をいきなり否定しない。

●「Yes・But」または「Yes・Yes」で回答する。

● 回答時に不機嫌な表情をしない。

WORK **圧迫面接の質問例**

弱点や答えにくい質問をされたときに、うまく返答することが大事です。以下の質問例で予習しておきましょう。

CASE 1

「転職回数が多いですね。弊社に入社してもすぐに辞めてしまいませんか？」

【回答】

回答例

確かにそう思われても仕方がありませんが、これまでの転職で多くの企業を知ったことは今後のプラスになると考えています。今後は地に足を付けて頑張ります。

転職回数を多いと自覚しているならば認めたうえで、言い訳にならないよう、複数の転職経験も今後の糧になると述べます。

CASE 2

「新卒で入社した会社を2カ月で辞めていますが、
当社に入社しても同じ繰り返しになりませんか？」

【回答】

回答例

今後は長く勤務していきたいと考えています。就きたい仕事について学生時代に深く考えずに就職した点は反省していますが、前職に就いたからこそやるべきことが見えました。今後はじっくり仕事に取り組んで参ります。

労働条件などが退職の理由であっても、会社批判にならないよう注意してください。

CASE 3

「ブランク期間が長いですね。仕事はしっかりできますか？」

【回答】

回答例

全く問題ありません。確かに子育てがありブランク期間がありますが、ブランク期間中もパソコンや簿記の資格を取得し、仕事の復帰に向けて準備を進めてきました。
周囲の協力もありますので、ブランク期間前よりも仕事に打ち込んで参ります。

ブランク期間に自己啓発したことを述べても理不尽な対応を取られるようであれば、入社を見送るか検討しましょう。

第**3**章 アピール度が断然変わる 自己分析を生かした面接回答術

20代の転職者が面接で求められていること

第二新卒という認識を改める

　第二新卒の定義はありませんが、通常卒業後3年以内、25歳以下の求職者を第二新卒と呼んでいます。25歳以下では、実務経験が短いためあまり即戦力としては期待されていないものの、企業のカラーに染まっておらず、貪欲に業務を習得していく若さが求められています。

　企業は、第二新卒として特別な分類をせず、中途採用として募集を行なうことが多いのが現状です。新卒時の丁寧な研修体制は期待せず、転職社員として短期間で戦力になれるよう努力してください。

企業が欲しがる年代

　25歳から30歳前後は、多くの企業が欲しがる年代です。そのため売り手市場の傾向があり、内定をもらっても「もっと良い会社があるのでは？」となかなか決められない求職者がいます。

　新卒時に深く職種について考えず就職したからこそ、本当にやりたいことが見えてくるのが25歳から30歳の年代なのです。未経験の職種を含めて、やりたいことを実現できる年代なので、せっかくのチャンスを逃さないよう積極的に転職活動を行なってください。

POINT

- 第二新卒枠にとらわれず転職活動を行なう。
- 本当に自分が就きたい職種を考える。
- やりたいことの実現に向けて経験・未経験問わずに転職する。

20代の転職ポイント

　20代の求職者が企業に求められることと、20代ならではのアピールポイントをしっかりと理解しておきましょう。

●20代の求職者が企業に求められていること

・企業のカラーに染まっていないこと

・若さがありチャレンジ精神があること

・自己啓発を含めて覚える意識が高いこと

・新卒と異なりビジネスマナーを心得ていること

・就きたい職種について真剣にとらえていること

・上下関係を理解し組織に適応できること

●20代の求職者のアピールポイント

・発揮できる能力を具体的にアピールする

・不足しているスキルは自己啓発していること

・未経験の職種は自ら覚えていく姿勢で臨むこと

・明るく元気に若さをアピールする

・面接官のニーズを汲み取った対応ができること

・第一志望という姿勢であること

ADVICE

せっかく内定をもらっても、
もっといい会社があるはずだと考え
決められない人がいますが、
存在価値を発揮できる企業かどうか
という視点で見極めてください。

30代の転職者に求められていること

実務能力でアピールする

　30代の人が転職活動をするなら、実務能力を売りにすべきです。企業に求められている人材と豊富な経験を合致させて、短期間で戦力になれる人材であることをアピールしてください。

　30代の求職者に対しては、多くの企業が即戦力を求めています。特に30代半ば以降であれば、未経験の職種ではなく、これまでの実績を強みとした経験のある職種への転職を考えるべきかもしれません。

本気で転職する意欲を示す

　35歳を超えると転職が難しくなると考えて、何となく転職活動を行なっている30代前半の求職者がいます。このような求職者の中には、本気で転職活動をしているのではなく、自分の市場価値をチェックし、「もし、良い企業があれば転職する」くらいの姿勢の人もいます。転職するかしないかはじっくり考えるべきですが、転職活動をスタートしたら、本気で取り組んでください。中途半端な転職活動は、現職の仕事にも悪影響を及ぼします。30代での転職は、40代以降の人生を左右することを認識したうえで、しっかりとした気持ちで転職活動を行ないましょう。

POINT

● 短期間で戦力になる人材が求められている。

● 本気で転職活動を行なわないと、現職に悪影響を及ぼす。

● 40代以降の人生を左右する転職だと認識する。

146

30代の転職ポイント

30代の求職者が企業に求められることと、30代ならではのアピールポイントをしっかりと理解しておきましょう。

●30代の転職が企業に求められること

- ・短期間で戦力になること
- ・チャレンジ精神があり柔軟に対応できること
- ・売りになるスキルや経験を自覚していること
- ・企業が求めている人材を把握していること
- ・待遇面だけでなく仕事内容に興味があること
- ・やるべきことを把握していること
- ・マネジメント能力を求められることもある

●30代のアピールポイント

- ・短期間で戦力になれることをアピールする
- ・組織適応力をアピールする
- ・必要ならばマネジメント能力をアピールする
- ・固執せず柔軟性をアピールする
- ・過程ではなく結果を重視することをアピールする
- ・家族がいる人は、家族の協力があることをアピールする

▶ADVICE

これまでの経験を生かして
短期間で戦力になることが
求められています。
入社後の成果が期待されているので、
何ができるか具体的に示すことが大切です。

40代以降の転職者に求められていること

素直さと向上心を意識して臨む

40代以降の人が転職活動をする場合、その年代の求職者だからこそ、素直さと向上心が大切です。40代以降であれば社会人としてのスタンスが確立されており、これまでの経験をベースに仕事を行なうケースが多いのですが、転職すれば環境や仕事のやり方が変わります。

「前職では……」とすぐ比較をして嘆くタイプの人では、転職は成功しません。年齢が高いからこそ、30代の求職者が持っていない経験やスキルを売りにして、プラスアルファの能力を提供してください。40代以降だからこそ、素直な気持ちで向上心を持つ姿勢が求められています。

管理職候補の募集に注意を払う

40代以降の求人では管理職候補の募集も多いのですが、管理職としてやるべきことを考えてください。中小企業の経営者の中には「当社を良くしてほしい」と漠然とした要望を出す人もいますが、具体的に何をすべきか、やるべき土壌に問題がないか、十分リサーチしたうえで転職しましょう。

安請け合いで入社して改善を行なおうとしても、既存社員の反発がありうまくいかないこともあります。65歳まで仕事をする環境について考えたうえで、転職活動を行なってください。

> **! POINT**
> ◉ 過去ではなく将来を見据えたアピールをする。
> ◉ 素直さと向上心を意識して転職活動を行なう。
> ◉ 管理職候補として求められていることを確認する。

40代以降の転職ポイント

40代以降の求職者が企業に求められることと、40代以降ならではのアピールポイントを理解しておきましょう。

●40代以降の求職者が企業に求められていること

・即戦力として活躍できること

・環境にすぐに順応できること

・マネジメント能力があること

・若い求職者にはないプラスアルファの能力があること

・明るさがあり年齢を感じさせないこと

●40代のアピールポイント

・即戦力として実績を構築できること

・マネジメント経験をアピールする

・良好な人間関係を築けること

・プラスアルファの能力をアピールする

・健康状態に問題がないことをアピールする

・若い上司でも対応できることをアピールする

▶ADVICE

これまでの実績を語るだけでは、
自慢話と受け取られてしまう
可能性があります。
経験を基に応募企業で発揮できる
実務能力を謙虚に語ってください。

転職活動でNGなこと 4

根拠のない自信ではうまくいかない

転職の採否は、応募者の相対評価で決まることがあります。それを考えると、たとえ優秀な人材であっても、さらに優秀な応募者がいれば不採用になることがあるし、能力を多少満たしていなくても、該当する応募者がいなければ採用されることもあります。

ただし、私自身も経験がありますが、「何となく、この企業に入れたらいいな」という根拠が希薄な転職活動はうまくいきません。

私は30代で3社転職しましたが、求人情報から考えたとき、応募企業は自分を必要とするだろうという自信がありました。その理由は、業界経験、求められている職務能力、応募企業の企業規模などから、根拠のある自信が芽生えたからです。

一方、不採用になった企業は、「入れたらいいな」という漠然とした憧れ程度の気持ちで応募していました。

転職活動をしていくと、求人情報を読んでいるうちにやるべきことが具体的に見えてきて、自信につながります。一方、何をすればいいか分からない、できるかどうかいまひとつ自信がないという場合は、うまくいかない可能性が高いのです。

根拠のある自信は、これまでの経験に裏付けされています。未経験であっても、歩んできた経験から汎用性のある能力をアピールできます。採用される人は、応募企業でやるべきことを理解しており、経験に基づく、根拠のある自信があります。

転職は内定を獲得することが目的ではありません。この先、企業で働くことを考えれば、根拠のない自信で運良く入社できても本当に幸せになれるか疑問が残ります。

これまでの経験と照らし合わせ、根拠のある自信が持てるか自問自答してみてください。その自信を持って、転職活動には臨みましょう。

第4章

自己分析で分かる

自分に合う企業の見極め方

自己分析から自分に合う企業を見極める

自己分析を点数化して見極める

　企業へ応募すべきか悩んでいるならば、自己分析の結果を基に応募企業を見極めましょう。STEP1の「行動特性」「アピールポイント」、STEP3の「発揮・汎用できる能力」、STEP4の「弱点の克服」、STEP5の「志向性」、STEP6の「優先事項」、STEP7の「キャリアビジョン」の結果から、応募企業とのマッチ度を3段階で点数化して分析します。点数化することで、客観的に自分に合う企業か見極める判断材料の1つになるのです。

求人募集の記事だけでは分からないことがある

　自分に合う企業かどうかは、求人募集の記事だけではなかなか分からないし、判断することは困難です。また、マッチ度の点数化も、1つの判断材料にはなりますが、絶対ではありません。実際に応募して企業へ訪問して感じることもあるし、面接官と話をすることで、企業の本質を見極められることもあります。そのような実状を踏まえたうえで、右ページの「求人マッチ度チェックシート」で15点以上（3点：よくマッチしている、2点：どちらかといえばマッチしている、1点：どちらかといえばマッチしていない、0点：マッチしていない）の興味のある企業があれば、まずは応募してみるのもいいでしょう。

POINT

- 自己分析の結果から自分に合う応募企業を見極める。
- チェックシートの点数は判断材料の1つとしてとらえる。
- 一定の点数以上の企業なら、まずは応募してみる。

WORK

求人マッチ度チェックシート

　下記は、応募企業とのマッチ度を点数化するチェックシートです。各WORKの結果を参考にマッチ度を点数化しましょう。

3点：よくマッチしている、2点：どちらかといえばマッチしている、
1点：どちらかといえばマッチしていない、0点：マッチしていない。　　　企業名 ＿＿＿＿＿＿＿＿

❶ **求人募集の募集職種と 行動特性 のマッチ**
（STEP1-3　WORK 行動特性（適職）診断シート）
（P.35参照）　　　　　　　　　　　　　　　　マッチ度 ［　　］

❷ **求人募集「求める人材」、「仕事内容」と アピールポイント のマッチ**
（STEP1-4　WORK 転職力診断シート）
（P.39参照）　　　　　　　　　　　　　　　　マッチ度 ［　　］

❸ **求人募集「求める人材」、「仕事内容」と 発揮できる能力 、 汎用できる能力 のマッチ**
（STEP3-1　WORK 発揮できる能力シート、
　STEP3-2　WORK 汎用できる能力シート）
（P.45・51参照）　　　　　　　　　　　　　　マッチ度 ［　　］

❹ **求人募集「求める人材」と 弱点の克服 のマッチ**
（STEP4　WORK 弱点改善シート）（P.57参照）　マッチ度 ［　　］

❺ **求人募集「仕事内容」、「労働条件」と 志向性 のマッチ**
（STEP5　WORK 志向チェックシート）（P.61参照）　マッチ度 ［　　］

❻ **求人募集「仕事内容」、「労働条件」と 優先事項 のマッチ**
（STEP6　WORK 優先事項記入シート）
（P.65参照）　　　　　　　　　　　　　　　　マッチ度 ［　　］

❼ **応募企業のキャリアパスと 5年後の キャリアビジョン のマッチ**
（STEP7　WORK キャリアビジョンシート）
（P.67参照）　　　　　　　　　　　　　　　　マッチ度 ［　　］

合計 ＿＿＿＿＿点　（最高21点）

第**4**章

自己分析で分かる 自分に合う企業の見極め方

逆質問で自分に合う企業を見極める

好感を持たれる逆質問で見極める

　面接で応募者が質問を繰り返すことに対して、面接官の中には、「どちらが面接しているのか分からない」と考える人もいます。そのため、質問のし過ぎには注意が必要です。しかし、優先したいことなど入社を決断するうえで聞いておきたい大切なことは、面接段階もしくは内定後に必ず確認しておきましょう。

　応募者が面接官に行なう逆質問で、不快な印象を与えずに、好感を持たれるためのポイントは、仕事の意欲を示しながら質問を行なうことです。例えば残業時間について聞きたいならば、「残業時間は？」ではなく、「前職でも積極的に残業を行ないましたが、残業時間はどのくらいでしょうか？」と質問すれば、残業を積極的に行なう応募者だと思ってもらえます。

内定後に確認することも考慮する

　面接では企業側に採否の権限があるので、内定後に確認できることなら、面接時に多くの質問をするのは控えた方がいいかもしれません。特に待遇面について質問を行ない、逆に希望年収を質問されて回答した場合、内定後に年収額の交渉をするのは難しいかもしれません。面接で待遇面の話がなければ、内定後に交渉することが可能です。

POINT

- 気になることは、きちんと確認をしたうえで入社する。
- 仕事の意欲を示したうえで質問を行なうのが逆質問のコツ。
- 待遇面のことは、内定後に確認することもできる。

逆質問のポイント

CASE 1　残業時間についての質問

○「前職でも積極的に残業を行なってきましたが、
御社ではどのくらいの残業がありますでしょうか？」

➡残業が少ないことが企業選びの優先度が高い場合、面接官から現状を聞き出し、
残業時間が多ければ入社しない選択ができるようになります。

×「前職では残業が非常に多いため退職しました。今度の転職では残業時間が
少ない会社へ転職したいと考えています。御社はいかがですか？」

➡残業が少ない会社でも、残業が多くなれば辞めてしまう人材だと受け取られます。また残業の多い、
少ないが企業選択のポイントと主張している点も、応募者の仕事に対する意欲が感じられません。

CASE 2　給与についての質問

○「私の実力を見たうえで給与を決めていただきたいのですが、私も生活が
ありますので、給与についてご説明いただけますでしょうか？」

➡実力を見たうえでと言いながら確認をすれば、それほど悪い印象を与えません。

×「給与はいくらいただけますか？」

➡ダイレクトに質問することで、給与しか興味のない応募者だと判断されてしまう可能性が
あります。

CASE 3　育児休暇についての質問

○「将来、結婚をしてもライフワークとして仕事を重視しており、続けて
いきたいと考えています。御社では育児休暇を取られている社員の方が
いらっしゃいますか？」

➡仕事の姿勢を示したうえで育児休暇について質問をしているので、
仕事に意欲的な応募者だというイメージを与えて回答を引き出せます。

×「御社に採用されれば育児休暇が取れますか？」

➡給与の質問と同様にダイレクトに質問することで、
育児休暇を取ることが目的で転職を希望している応募者だと判断されてしまう可能性があります。

CASE 4　キャリアパスについての質問

○「入社後のキャリアパスについてご説明いただけますか？」

➡初任給が高くてもキャリアパスが明確でなければ、入社後の昇給、
昇格のチャンスが少ないかもしれません。

×「御社に入社すれば昇格できますか？」

➡昇格は約束されるものではなく、能力や実績を構築することが大切です。
この質問を受けた面接官は、昇格について理解していない応募者だと判断します。

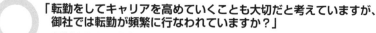

CASE 5 転勤についての質問

◯ 「転勤をしてキャリアを高めていくことも大切だと考えていますが、
御社では転勤が頻繁に行なわれていますか?」

➡ 転勤をしたくない場合でも、この質問をすれば実情が確認できます。

✕ 「地元から離れたくないのですが、転勤はありますか?」

➡ 転勤がない雇用であれば問題ありませんが、
転勤の可能性がある企業であれば採用につながらない可能性があります。

CASE 6 離職率についての質問

◯ 「御社に入社できましたら長く勤務したいと考えていますが、
長く勤務している方は多いのでしょうか?」

➡ やや漠然とした質問ですが、この質問を投げかけることで面接官が質問の意図を汲み取り、
実情を回答してもらえる可能性があります。

✕ 「離職率はどのくらいですか?」

➡ 離職率が高いという認識で質問しているように受け取られます。
また、面接官が数値を認識していない可能性があります。

CASE 7 入社時期について

◯ 「採用されましたら引き継ぎをきちんと行ない、1カ月後には
入社できますが問題ないでしょうか?」

➡ 在職中の応募者であれば、入社可能時期を提示したうえで確実に入社することをアピールします。

✕ 「会社が辞めさせてくれるか分かりませんので、内定後上司に相談したいと
思います。入社時期について相談に乗ってもらえますか?」

➡ どうしても欲しい人材であれば配慮してもらえる可能性があるものの、
入社できるかあいまいな応募者であれば通常採用されません。

CASE 8 異動について

◯ 「現在の職種をより極めて貢献していきたいと考えていますが、
異動は頻繁にありますか?」

➡ 通常異動を拒否することはできませんが、
できれば現在の職種を続けていきたい意思を前向きに伝えることができます。

✕ 「前職で経理から営業へ異動を命じられたので辞めました。
御社でも異動はありますか?」

➡ 異動がない企業であれば別だが、通常はこの質問をすればやりたいことしかやらない応募者だと
判断されます。

CASE 9　退職金について

〇 **「求人募集に退職金について記載されていませんでしたが、給与に盛り込まれており退職金制度はないと考えてよろしいのでしょうか？」**

➡ 給与に盛り込まれているのかと質問することで、ダイレクトに質問をするより印象が良くなります。

✕ **「退職金について何も書かれていませんが、退職金がないのですか？」**

➡「ないのか？」と不信感で質問をすれば、面接の雰囲気が悪くなる可能性があります。

CASE 10　社風について

〇 **「本日訪問させていただき、社員の方が生き生きとお仕事をされている印象があります。御社の社風についてお聞かせいただけますか？」**

➡ 面接官の回答を聞いたうえで、上下関係について気になるのであれば「上下関係は？」と質問することで回答を引き出せます。

✕ **「御社についてインターネットで上下関係が厳しいと書かれていましたが本当ですか？」**

➡ インターネットの情報をダイレクトに質問すると不信感を抱いていると受け取られます。ダイレクトに質問をせず、どうしても確認をしたい場合は、上記の「〇」の質問のように関連する質問から聞き出すことを考えてみてください。

CASE 11　研修システムについて

〇 **「未経験ですが、汎用できるスキルや不足している知識は自己啓発して、1日でも早く戦力になれるよう頑張ります。御社の研修についてご説明いただけますか？」**

➡ 自己啓発していく姿勢を示しながら研修について確認をしているので、好感が持てます。

✕ **「未経験なので研修していただけますよね？」**

➡ 当たり前のように研修をしてもらえるという姿勢では、面接官の中には、企業は学校ではないと考え不快になる担当者がいるかもしれません。

CASE 12　試用期間について

〇 **「試用期間の長さと労働条件についてお聞かせいただけますか？」**

➡ 待遇面について不安がある場合でも、期間や労働条件という切り口で質問を行なえば悪い印象を与えず回答を引き出せます。

✕ **「試用期間中は給与が下がり、本採用になれない新入社員がいるのですか？」**

➡ 待遇面しか興味がない、もしくは職務能力に自信がない応募者だと判断される可能性があります。

第4章 自己分析で分かる 自分に合う企業の見極め方

内定後の対応で自分に合う企業を見極める(内定後)

存在価値が見極めるポイントになる

　応募をして採用試験を受けることで、応募前の状況と異なる見解が生まれたり、変わらなかったりすることがあります。内定をもらうと「もっと良い会社があるのでは？」と入社を迷う人がいますが、企業から必要とされていると実感し、自分の存在価値を発揮できる企業であれば、内定を受諾すべきでしょう。面接官の言葉や会社訪問したときの社員の雰囲気などを思い起こして、仲間として一緒に頑張ろうという姿勢を感じたなら、入社して能力を思う存分発揮すべきです。

入社すべき企業を決定する

　入社に迷ったときは、右ページの「入社見極めシート」を使用してみてください。入社見極めシートは、「求人マッチ度チェックシート」(P.153参照)に、面接時に感じた社内の雰囲気(社風)、面接官の雰囲気、そして存在価値を発揮できる企業かという3点を加えて点数化するものです。複数の企業から内定をもらったときに比較できるため便利です。30点満点で25点以上であれば受諾すべきだと思いますが、最後の決定は自分自身の意思です。繰り返しになりますが、内定がゴールではありません。内定企業はあなたの力を必要としているということを自覚し、決断しましょう。

> **! POINT**
> - ● 面接後の状況を加えて、再び点数化してみる。
> - ● 社風、面接官の態度も判断材料として考慮する。
> - ● 自分が存在価値を発揮できる企業か見極める。

入社見極めシート

内定後に迷ったときは下記の「入社見極めシート」を活用してみましょう。面接時の印象などを点数化し、判断材料の１つにしましょう。

3点：よくマッチしている、2点：どちらかといえばマッチしている、
1点：どちらかといえばマッチしていない、0点：マッチしていない。

企業名 _____

① **求人募集の募集職種と 行動特性 のマッチ**
（STEP1-3　WORK 行動特性（適職）診断シート）
（P.35参照）
マッチ度 [　　]

② **求人募集「求める人材」、「仕事内容」と アピールポイント のマッチ**
（STEP1-4　WORK 転職力診断シート）
（P.39参照）
マッチ度 [　　]

③ **求人募集「求める人材」、「仕事内容」と 発揮できる能力 、汎用できる能力 のマッチ**
（STEP3-1　WORK 発揮できる能力シート、
　STEP3-2　WORK 汎用できる能力シート）
（P.45・51参照）
マッチ度 [　　]

④ **求人募集「求める人材」と 弱点の克服 のマッチ**
（STEP4　WORK 弱点改善シート）（P.57参照）
マッチ度 [　　]

⑤ **求人募集「仕事内容」、「労働条件」と 志向性 のマッチ**
（STEP5　WORK 志向チェックシート）（P.61参照）
マッチ度 [　　]

⑥ **求人募集「仕事内容」、「労働条件」と 優先事項 のマッチ**
（STEP6　WORK 優先事項記入シート）
（P.65参照）
マッチ度 [　　]

⑦ **応募企業のキャリアパスと5年後の キャリアビジョン のマッチ**
（STEP7　WORK キャリアビジョンシート）
（P.67参照）
マッチ度 [　　]

⑧ **面接時に感じた社風**
マッチ度 [　　]

⑨ **採用担当者の対応**
マッチ度 [　　]

⑩ **存在価値を発揮できるか**
マッチ度 [　　]

合計 _____ 点　（最高30点）

【著者紹介】谷所 健一郎（やどころ けんいちろう）

有限会社キャリアドメイン（http://cdomain.jp）代表取締役。キャリアコンサルタント。
日本キャリア開発協会正会員。キャリア・デベロップメント・アドバイザー（CDA）。
外食産業の株式会社綱八の人事部長として勤務後独立。自らの転職経験と1万人以上の面接経験から、『マイナビ転職』での連載や、人事、就職、転職関連の書籍を数多く執筆。求職者向けセミナー、講演を精力的に行なう。『ヤドケン転職道場』『キャリアドメインマリッジ』『ジャパンヨガアカデミー相模大野』運営のほか、転職、就活DVDを制作。
主な著書に小社の『採用獲得のメソッド はじめての転職ガイド 必ず成功する転職』『採用獲得のメソッド 転職者のための職務経歴書・履歴書・添え状の書き方』『採用獲得のメソッド 転職者のための面接回答例』など多数。

編　集	有限会社ヴュー企画
カバーデザイン	掛川竜
本文デザイン／DTP	有限会社アイル企画
イラスト	門川洋子

採用獲得のメソッド

転職者のための自己分析

著　者	谷所健一郎
発行者	滝口直樹
発行所	株式会社マイナビ出版
	〒101-0003
	東京都千代田区一ツ橋2-6-3 一ツ橋ビル2F
	電話　0480-38-6872（注文専用ダイヤル）
	03-3556-2731（販売部）
	03-3556-2735（編集部）
	URL　http://book.mynavi.jp
印刷・製本	大日本印刷株式会社